KB205486

말씀은 거울이다!

제자도 시리즈 ❶

말씀은 거울이다!

나원규•이상보•이창우 편저

카리스
아카데미

말씀은 거울이다!

2022년 10월 3일 초판 1쇄 발행

편저자 | 나원규, 이상보, 이창우

발행인 | 이창우
기획편집 | 이창우
표지 디자인 | 이형민
본문 디자인 | 이창우
교정·교열 | 나원규, 지혜령

펴낸곳 | 도서출판 카리스 아카데미
주소 | 세종시 대평로 56 515동 1902호
전화 | 대표 (044)868-3551
편집부 | 010-4436-1404
팩스 | (044)868-3551
이메일 | truththeway@naver.com

출판등록 | 2019년 12월 31일 제 569-2019-000052호

책값은 뒤표지에 있습니다.
ISBN 979-11-92348-06-3(세트)
ISBN 979-11-92348-07-0

《말씀은 거울이다!》

제자도 서약서

◇◇◇◇◇◇◇◇◇◇◇◇◇◇◇◇◇◇◇◇◇◇◇◇

나는《말씀은 거울이다!》제자도 훈련생으로
하나님 앞에서 다음과 같이 서약합니다.

1. 나는 이 과정이 진행되는 동안 무엇보다 말씀 앞에 서는 일을
   게을리하지 않겠습니다.

2. 나는 결석이나 지각을 하지 않고 제자도 훈련에 성실하게
   임하겠습니다.

3. 나는 주어진 과제를 읽고 공부한 내용을 삶으로 실천하기
   위해 노력하겠습니다.

4. 나는 훈련에 동참하는 다른 사람의 개인적인 이야기에 대해
   비밀을 지키겠습니다.

5. 나는 우리가 그리스도 안에서 한 몸임을 기억하고 사랑과
   기도로 서로에 대한 책임을 다하겠습니다.

년   월   일

이름: (인)

|일러두기|

이 글은 쇠렌 키르케고르의 작품 《자기 시험을 위하여》(For Self-Examination) 1부 내용을 편집하여 저술한 것이다. 이 작품은 1851년 9월 10일 출판된 그 의 후기 작품으로, 본질적으로 기독교적인 것들을 다루고 있다. 그 외에 1843 년 10월 16일 출판된 《두려움과 떨림》, 1851년 9월 25일 출판된 《기독교의 실천》 일부 내용이 포함되어 있다. 향후, 키르케고르 작품뿐 아니라, 많은 기독 교 사상가들의 작품을 바탕으로 다양한 형태의 성경공부 교재를 제작하여 제 공할 예정이다.

루터의 종교개혁 이후 혼탁한 세상에서 제자도의 필요성은 쉴새없이 대두되고 강조되어 왔다. 그 대표적 예가 신학자 본회퍼의 제자도라고 할 수 있다. 게다가 요즘 코로나 이후 교회는 가장 큰 위기상황에 처해있다. 1년에 문을 닫는 교회가 15,000개나 된다고도 한다. 이러한 때에 복음의 실천가였던 키르케고르의 제자도가 성경공부 교재로 나오게 되는 것을 심히 기쁘게 생각한다. 에스겔 47장에 나오는, 성전에 흐르는 생명수 역할을 할 수 있기 때문이다. 또 이 책이 키르케고르 연구에 오랫동안 온 힘과 열정을 다 기울여 온 이창우 목사님에 의해 세상에 나오게 되어 기쁜 마음으로 추천하고자 한다. 바라기는 이 책이 한국교회를 살리는 생명수가 될 뿐아니라, 그리스도의 참 제자를 양성하는 데 큰 도움이 될 수 있기를 기대해 본다.

문한기 목사_기쁜교회 담임목사

말씀은 거울이다! 쌩뚱맞아 보이는 제목에 호기심으로 한 장 한 장 넘기다 마지막 장을 넘기고 나서 말씀이라는 거울에 비친 나를 발견하게 됐다. 이 책은 단순한 묵상집을 넘어서 나를 하나님의 말씀 앞으로 소환하여 내 모습이 어떤 모습인지 볼 수 있게 만든다. 상당히 구체적이고 날카로운 질문들을 통해 거울 밖으로 나가려는 나를 잡아끈다. 그래서 이 책을 그리스도인으로서 믿음과 행함 사이에서 치열하게 고민하며 살아가고자 하는 분들에게 추천한다.

성윤모 목사_행복한교회 담임목사

"낯선 교사를 만나다."

책을 펴면 우리는 낯선 성경 교사를 만나게 됩니다. 그는 온유한 음성으로 말하지도 않고, 깔끔하게 다듬어진 교리를 가르쳐 주지도 않습니다. "불러줄 테니 잘 알아들어."라는 주입식 교육을 시전하지도 않습니다. 철학자이나 신학자인 키르케고르는 이 책을 통해 강요하지 않지만 선명하고 강력한 메시지로 우리에게 나타납니다.

"낯선 교재를 만나다."

분명 이 책은 제자훈련 교재입니다. 하지만 이상합니다. 특정 교단의 교리를 설명하거나 답 달기를 요구하지 않습니다. 많은 성경 구절을 소개하며 암송하는 숙제도 없습니다. 다만 계속해서 고민하게 만들고 스스로를 살피는 훈련을 시킵니다. 과거 키르케고르가 그랬듯이 공장에서 찍어내는 그리스도인을 거부하는 인상을 줍니다. 고민하며, 의심하는, 하지만 보이진 않지만 확신하는 신앙을 가치 있다고 설명합니다.

"낯선 나를 만나다."

사람은 익숙함을 즐깁니다. 그 익숙함은 능숙함이 아니라 사람을 나태하게 만듭니다. 하지만 새로운 환경이나 특정 자극을 만나게 되면 낯선 나와 마주하게 됩니다. 어색하고 불편합니다. 그리스도인은 이런 낯선 나와 직면하며 불편한 경험이 시작될 때 제자가 될 수 있습니다. 나를 망치는 익숙함에서 벗어나 거칠고 투박하지만 나를 살리는 새로움을 이 책을 통해 경험하게 될 것입니다.

신재철 목사 _좋은나무교회 담임목사, 「만화방 교회 이야기」 저자

"당신은 말씀을 얼마나 자주, 자신에게 적용해 왔는가?" 지금까지 말씀을 읽고 연구해 온 것이 나 자신이 아닌 다른 사람(특히 성도)에게 적용하도록 하기 위한 것이었음을 알게 해준 책이다. 거울 속에 있는 나 자신을 먼저 들여다 볼 수 있도록, 말씀을 읽고 나 자신에게 먼저 적용하자! 처음으로 돌아가자!

안철구 목사_은혜로운교회 담임목사

쇠렌 키르케고르의 《자기 시험을 위하여》를 성경공부 교재로 편집하여 카리스 아카데미가 《말씀은 거울이다!》로 출판하였다. 한국의 많은 그리스도인들이 이 책을 읽으며 '말씀이 우리를 읽어주는 자리로 돌아가기를' 소망한다. 하나님의 말씀은 우리 삶의 '거울'이 되어야 한다. 신앙이 '취미' 생활이 되어 버렸거나 말씀을 입술로만 고백하는 모습에 실망하여 교회를 떠난 많은 젊은이들에게, 말씀은 우리의 행동으로 표현되어야 한다고 절실하게 느끼고 있을 때 이 책을 읽게 되어 너무 감사하다. 쇠렌 키르케고르의 날카로운 통찰을 통해 교회 안에 있는 '이방인'들이 하나님의 형상대로 빚어지는 제자 훈련의 본질로 돌아갈 수 있도록 기도해 본다. 살아계신 하나님께 귀하게 쓰임받는 사람들은 시대와 세대를 초월하여 어린 아이같이 순수하다고 이야기한다. 온 땅을 살피사 자기를 찾는 자에게 능력을 베푸시는 전능자 앞에서 신발을 벗고 발견되는 많은 주님의 제자들이 나올 수 있도록 간절히 간구하며 이 책을 추천한다.
오석환 선교사_캄보디아 리서치 센터 대표

지금까지 단순하게 철학자로만 알려진 키르케고르에 대해, 숨겨져 왔던 그의 신앙의 깊이와 사상을 이 책을 통하여 접하게 되어서 매우 감사했습니다. 힘들고 불확실한 시대에 이런 좋은 책을 한국의 크리스천 독자들에게 알리려고 오랫동안 수고하신 이창우 목사님의 노고에 깊은 감명을 받았습니다. 이 책을 통하여 우리 모두가 지식의 축적에만 머물지 않고 성령의 역사하심을 따라 말씀 속에서 삶을 변화시키고자 하는 모든 분들에게 이 책의 일독을 권합니다.
유근재 교수_주안대학원대학교 선교학 교수, 한국선교신학회 회장

성경의 권위가 무너졌을 때, 키르케고르는 성경의 계시를 믿을 수밖에 없는 인간의 절망적인 실존을 보여주었다. 직접 표현하자면 "성경으로 돌아가자. 대속자이신 그리스도를 본받자."는 것이다. 궁극적이고 실존적인 진리는 완전한 헌신을 통하여 하나님을 신뢰할 때 '나의 진리'가 된다.

'물탄 기독교'는 공로주의를 행위와 함께 버렸다. 마치 목욕물과 함께 아기를 버린 것처럼 말이다. 기독교에 생명력이 없음을 비판하고 나선 키르케고르는 오직 제자도를 외친다. 당시의 기독교는 복음의 기준을 낮추었고, 행함이 없는 죽은 믿음이 되어버린 기독교는 역사의 뒤안길로 사라질 위기에 처했다.

제자도 시리즈 첫 번째인《말씀은 거울이다!》는 하나님의 말씀을 삶으로 실천하고, 지식이 아닌 양식으로 먹으며, 이성이 아니라 행동하는 믿음으로 옮기게 해 줄 책이다.《말씀은 거울이다!》는 독자의 인격과 삶에 코페르니쿠스적 혁명을 가져올 것이다. 내가 성경을 읽는 것이 아니라, 성경이 나를 해석하게 하며, 그리스도를 본받는 삶을 살도록 하는 '나에게 주시는 하나님의 말씀'으로 성경을 읽게 하기 때문이다.

키르케고르의 모든 사상은 실존의 변화를 통하여 하나님의 은혜와 사랑을 받은 존재로 살자는 것으로 축약할 수 있다. 그의 사상은 우리의 인격과 삶의 변화를 촉구한다. 기독교의 진리는 말로써가 아니라 그리스도의 향기를 풍기는 변화된 인격과 삶을 통하여 보여주어야 하는 것이다. 키르케고르 사상을 바탕으로 한 제자도 시리즈를 통하여 불확실한 현실을 살아가는 현대인이 영원한 가치를 맛보며 참된 예배자로 살아갈 수 있기를 소망한다.

윤덕영 목사_철학박사, 한국키에르케고어 학회 총무

흔히들 철학은 질문하는 학문이라고 합니다. 모든 학문들이 멈춰 서서 질문하지 않는 지점을 파고 들어 문제를 제기하고 성찰하기 때문입니다. 예를 들어 수학에서는 1+1=2 라는 공식을 당연하게 받아들입니다. 그러나 철학은 '왜 1+1=2 인지', '왜 답이 3이 되어서는 안 되는지'를 질문하고 숫자와 연산의 본질을 파고 듭니다.

철학이 질문하는 학문이라면, 성경은 답을 주는 책입니다. 질문이 아무리 날카롭고 예리해도 명확한 답에 이를 수 없다면 헛일입니다. 그러나 성경은 우리 삶과 세상, 신앙과 가치에 대한 분명한 답을 줍니다. 그런 의미에서 이 책,《말씀은 거울이다!》는 철학과 성경의 본질 모두가 다 잘 드러난 책이라고 할 수

있습니다. 인생의 본질에 대한 예리한 철학적 질문과 명확한 성경적 답을 지니고 있기 때문입니다. 내용에 있어 쉽게 읽히지만 남는 것이 많고, 밝게 느껴지지만 묵직하게 다가오는 책입니다. 바로 '나' 그리고 '우리'에 대한 이야기이기 때문입니다. 이 책을 통해 우리의 모습을 있는 그대로보고 명확한 답을 만날 수 있을 것입니다. 어른들 만이 아니라 그 신앙의 바톤을 이어받는 다음 세대에게도 꼭 필요한 책입니다. 이런 책을 기다렸습니다!

정석원 목사_「청소년 교사를 부탁해」 저자

하나님 경외는 존재로만 표현된다

우리가 하나님의 말씀을 읽기 위해 무엇을 요구받는다고 생각하십니까? 어떻게 해야, 하나님의 말씀을 진정 말씀으로 대할 수 있을까요? 우리 시대 얼마나 많은 사람들이 성경책을 가지고 있으며, 또 얼마나 많은 사람들이 성경책을 읽었습니까? 그럼에도 불구하고 성경의 권위는 그 어느 시대보다 더 추락한 것 같습니다. 성경이 없었던 시대를 생각해 보십시오. 성경 번역이 어려웠던 시대에는 성경을 읽고 싶어도 읽을 수 없었고 가톨릭 사제들이나 성경을 가지고 있었습니다.

그 시대의 사람들은 지금 우리보다 더 말씀에 목말라 했을 것입니다. 사제들이 말해주는 성경 이야기 외에는 성경을 볼 수 없었겠지요. 하나님의 말씀! 이 말씀이 오늘날에는 얼마나 많이 보급되었습니까? 그러나 이 성경책이 어떤 취급을 받고 있습니까?

저는 청소년들을 지도한 경험이 있습니다. 그들 중에 대부분은 주일예배 때, 성경책을 가져오지 않았습니다. 주일에도 성경을 가져오지 않는데, 과연 주중에 성경을 읽었을까요? 이런 우리가 어떻게 해야 말씀을 제대로 읽고 진정으로 변화된 삶을 살 수 있을까요?

사실, 그런 청소년들에게 있어서, 성경은 구석에 박아 놓는 책, 따분한 고대 문서에 불과합니다. 수학책이나 영어책은 가지고 다녀도 성경책은 가지고 다니지 않습니다. 수학책이나 영어책은커녕, 기타 암기과목들을 대하는 정도로만 성경책을 다루어도 좋겠습니다. 성경은 그 정도 책도 못 되는 것 같습니다. 그런데 어떻게 말씀을 읽고 말씀과 대면할 수 있겠습니까? 설사 성경을 읽는다 하더라도 하나님의 말씀을 읽는 것이 아닙니다. 사회나 역사과목을 공부하듯이, 그런 객관적인 자료로서 하나님의 말씀을 읽고 있습니다.

우리는 하나님의 말씀을 말씀되게 해야만 합니다. 그렇게 하기 위해 우리는 말씀을 분석하고 연구할 수 있습니다. 말씀 연구에서 모든 것이 끝나게 되면 그것이 과연 말씀을 읽는 것일까요? 말씀을 연구하는 것도 중요하지만, 말씀을 연구 목적으로 다루는 것이 결코 말씀을 읽은 것이 아닙니다. 말씀을 연구하지 말라는 것도 아닙니다. 연구보다 더 중요한 것은, 우리가 하나님 말씀의 본질 앞에 서는 것입니다. **우리가 말씀을 읽을 뿐 아니라, 말씀이 우리를 읽어주는 자리로 돌아가야 합니다.**

말씀이 우리를 해석하도록 해야 합니다. 이것이 '말씀을 읽는 것'입니다.

말씀은 내가 생각하지 못했던 '나'를 생각하도록 도와줍니다. 엄밀하게 말하면, 우리는 우리 자신을 모릅니다. 여러분은 누구입니까? 우리가 우리 자신을 어떻게 하면 알 수 있을까요? 인간을 창조하신 조물주에게 가서 물어보아야 하는 것은 아닌가요? 말씀이 곧 하나님이신 그 분 앞에 서야 하는 것은 아닌가요? 그때, 여러분이 누구인지를 깨닫게 해준 것은 말씀이 아닌가요? 말씀은 우리가 누구인지를 분명히 알도록 도와줍니다.

그러나 지금 어떤 일들이 벌어지고 있습니까? 말씀이 우리를 해석하고 있는 것이 아니라, 우리가 말씀을 해석하고 있습니다. 우리는 해석되어야 할 입장이지 해석할 입장이 아님에도 불구하고 현대의 대부분 신학적인 연구들이 말씀을 연구 대상물로 취급하며 실험실로 가지고 갔습니다. 우리가 이제 말씀을 원 위치로 돌려놓는 작업을 해야 합니다. 말씀이 우리 자신을 해석하도록 돌려놓아야 합니다. 우리가 진지하게 말씀 앞에 서게 되면, 말씀은 인간이라는 존재가 어떤 존재인지를 완전히 까발립니다. **말씀을 연구하는 것이 말씀 읽기가 아니고, 말씀이 우리를 해석해 주는 것이 말씀 읽기라 생각합니다.**

인간은 '어떤 목적론적인 연관' 속에서 살아갑니다.[04] 거기에 어떤

---

04   Wilhelm Dilthey,《체험·표현·이해》이한우 역 (서울: 책세상, 2005), 26-32쪽.

의미를 부여합니다. 여러분들 집에 놓여 있는 사물들을 보십시오. 소파, 책상, 식탁, 책, 침대 등과 같은 모든 배치는 여러분들의 어떤 목적에 이바지하고 있습니다. 여러분이 단순하게 그냥 놓아둔 것이 아닙니다. 나름대로 쓸모가 있다고 판단했기에 거기 그렇게 놓은 것입니다. 거기에 여러분은 또 하나의 목적을 위해 망치를 이용해 못을 박을 수도 있습니다.

그때, 망치는 여러분에게 어떤 존재입니까? 여러분 삶의 연관 속에 봉사하는 단순한 도구적 존재입니다.[05] 망치에는 그 이상의 어떤 의미도 없습니다. 망치뿐입니까? 여러분의 삶의 의미 가운데, 도구적 가치 외에 무엇이 존재합니까? 여러분은 왜 공부합니까? 스펙 쌓고 싶어서인가요? 사회에서 쓰임받고 싶은가요? 그렇다면, 여러분은 하나님 앞에서는 얼마나 쓰임받고 싶은가요? 망치가 여러분 삶의 의미의 연관 속에서 봉사하는 도구적 존재에 불과하듯이, 여러분도 사회에 봉사하는 도구적 존재에 불과한가요? 하나님께서 여러분을 그렇게 망치를 사용하듯, 단순한 도구로 사용하기 위해 만드셨나요?

그렇다면, 불의의 사고 혹은 심각한 건강 상실로 인해 누워만 지내야 하며 이 세상에서 아무것도 할 수 없는 것처럼 보이는 사람은 하나님께서 왜 그렇게 만드신 걸까요? 여러분은 대답할 수 있습니까?

---

05 김종두, 《하이데거에 있어서 존재와 현존재》 (서울: 서광사, 2000), 203-4쪽.

혹시나 그들이 '장기기증'을 통해서 세상에 기여할 수 있는 걸까요? 제가 만일 이런 생각을 한다고 하면, 저는 히틀러보다 더 나쁜 사람입니다. 히틀러는 이용가치가 없는 인간은 죽어야 한다고 생각했지만, 장기기증을 생각하고 있는 사람은, 히틀러조차도 이용가치가 없으니 죽여야 된다고 생각했던 사람을 한 번 더 이용하려 하기 때문입니다. 그러나 하나님의 형상을 닮은 인간은 그 존재 자체만으로도 존엄한 것은 아닌가요?

다시, 목적론적인 세계로 돌아가겠습니다. 여러분은 삶의 목적론적인 연관을 만들어 놓고 의미를 부여하고 있습니다. 이 세계에 존재하는 모든 사물은 여러분의 삶의 목적에 봉사하고 있고 심지어는 방금 전에 못을 박았던 망치조차도 그런 목적에 봉사하고 있습니다. 그러나 이번에는 망치의 목이 부러졌다고 생각해 보겠습니다. 여러분의 삶의 목적에 봉사했던 도구적 존재로서의 망치는 이제 인생이 끝났습니다. 망치는 더 이상 여러분의 삶의 목적에 봉사할 수 없습니다. 이젠 쓸모가 없으니 바로 버리실 건가요? 아마도 여러분은 그때 망치의 존재 자체에 대해 생각해 보게 될 것입니다.[06] 어쩌면 망치에 대해

---

06   이남인, "후설의 발생적 현상학과 하이데거의 해석학적 현상학," 「철학」, 53집 (1997 겨울):191-3쪽.

안타까운 마음도 들지 모르겠습니다.[07]

　　망치가 부러졌을 때 비로소, 망치를 도구적 존재로서 인식하는 것이 아니라 망치의 존재 자체에 대해 관심을 갖게 되듯이, 여러분의 인생도 어쩌면 망치처럼 한 번은 부러져야 합니다. 엉뚱한 곳에 관심을 갖던 우리가 인생 자체에 대해 진지하게 생각하게 되는 계기를 가져다 주니까요. 우리의 인생이 언제 부러질까요? 우리가 진정으로 **말씀의 거울 앞에 서게 될 때, 비로소 인생이 부러집니다.**

　　여러분이 만들어 놓았던 모든 인생의 목적론적인 연관들이, 말씀 앞에 섰을 때 아무것도 아님을 경험해야 합니다. **여러분이 만들고 쌓아놓은 모든 노력과 업적들이 하나님 앞에서 아무것도 아니라는 것을 경험해야 합니다. 그때, 여러분은 두렵고 떨 것입니다.** 그토록 중요하다고 생각했던 가치들이 모두 전복될 것입니다. 거울을 보지 않고 살았던 자가 어느 날 말씀의 거울을 보게 됩니다. 그때, 그는 자신의 모습에 깜짝 놀라게 될 것입니다.

　　거울을 본 사람은 어떤 일을 하기 시작할까요? 자신의 얼굴에 묻어 있던 더러운 것들을 제거하기 시작할 것입니다. 그 다음 자신의 얼굴을 꾸미고 가꾸기 시작할 것입니다. 물론, 비유적인 표현입니다. 말씀의

07　이남인, "현상학과 해석학 – Husserl, Heidegger, Gadamer," 「철학논구」, 23집 (1995): 3쪽.

거울은 이런 식으로 사용하는 것이 아닙니다. 그러나 이런 비유도 우리가 생각하도록 도울 수 있습니다. 거울을 본 사람들은 이렇게 달라지기 시작합니다. 거울을 보기 전에 그가 가졌던 모든 생각들을 버리고 새로운 옷을 입게 될 것입니다. 말씀의 거울 앞에서의 존재의 변화라 말할 수 있습니다.

말씀은 거울입니다. 말씀의 거울을 본 사람들은 옷을 입습니다. 사람들은 그가 무슨 생각으로 그렇게 꾸몄는지 물을 수 있습니다. 그러나 그는 대답할 필요가 없습니다. 그의 말보다 그의 얼굴과 전체의 분위기가 이미 더 많은 것을 표현하고 있기 때문입니다.

하나님의 말씀! 이 말씀이 여러분의 모습 가운데 어떻게 표현되고 있습니까? 여러분은 얼마나 말씀으로 자신을 가꾸고 있습니까? 이 말씀이 여러분의 삶을 통해 표현되어야만 하는 것은 아닌가요? 입술의 고백이 아니라 행동의 고백으로 말입니다! **왜냐하면 하나님께서 주신 시험지는 우리의 행동으로만 대답할 수 있기 때문입니다.** 그때, 무엇이 더 설득력을 가져야 합니까? 여러분의 모습 자체입니까? 아니면 여러분의 말입니까? 복음은 다음과 같이 말합니다.

"우리는 주님이 두려운 분이심을 알기에 사람들을 설득하려고 합니다. 우리는 이미 하나님 앞에서 환히 드러났습니다. 여러분의

양심에도 우리가 환히 드러나기를 바랍니다.″(고후5:11)

복음이 말하는 설득력이란 무엇일까요? 말을 잘해서 설득하는 기술일까요? 절대로 그런 의미는 아닐 것입니다. 말로 사람을 설득하려 하는 것이 세상에서는 가능할지 모르겠지만, 적어도 하나님을 두려워하는 사람들에게는 맞지 않는 이야기입니다. 하나님을 두려워할 줄 아는 사람은 그런 방식으로 사람을 설득하지 않습니다. **여러분이 하나님을 두려워하고 있다는 것을, 무엇보다 여러분의 노력이 스스로 표현하게 하십시오.**[08] 바로 이것이 《자기시험을 위하여》에서 키르케고르가 말한 바입니다. 그는 이 책에서 다음과 같이 기도합니다.

"그러나 하나님이여, 제가 단 한 사람도 설득하지 못할지라도 저의 삶은 제가 당신을 두려워하고 있다는 것을 표현하게 하소서. 왜냐하면 입술의 '확신'은 믿을 수가 없기 때문입니다. 저의 삶이 당신을 두려워하고 있다는 것을 표현할 때, 모든 사람은 설득된 것입니다! 그러나 제가 모든 사람들을 설득했을지라도, 제가 당신을 두려워하고 있는 것을 제 삶이 표현하고 있지 않다면, 그때는 모든 사람을 잃게 된 것입니다!"[09]

---

08 쇠렌 키르케고르 《자기시험을 위하여》 이창우 역 (서울: 샘솟는기쁨, 2018), 6쪽.

09 앞의 책, 6쪽.

1. 왜 제자도인가?

주님의 삶을 본받는 것이 기독교의 본질이기 때문입니다. 본받음이 생략된다면, 기독교는 껍데기에 불과합니다. 다른 어떤 것도 본받음 이상의 관심사가 될 수 없습니다.

이 세상에 하나님을 닮은 유일한 존재는 인간뿐입니다. 하나님께서는 "자기 형상 곧 하나님의 형상대로 사람을 창조"하셨습니다.(창 1:27) 하지만 역사적으로 볼 때, 창세기의 이 구절에는 사람들이 별로 관심이 없었습니다. 오히려, "땅을 정복하고 모든 생물을 다스리라."라는 구절에만 관심이 있었던 것 같습니다. 기독교라는 이름으로 얼마나 많은 곳에서 정복전쟁이 있었나요? 대표적인 사례가 르네상스 이후 식민지 쟁탈전이었을 것입니다. 유럽의 많은 기독교 국가들이 얼마나 많은 나라들을 정복하고 식민지로 삼았습니까? 앞에서는 군대가 총과 칼을 들고 뒤에서는 선교사들이 성경책을 들고 있었습니다.

이런 부작용은 그때 끝난 것이 아니라, 지금도 계속되고 있다고 생각합니다. 주님을 믿는다고 하면서 세상의 지배자가 되기를 원합니다. 세상을 전부 얻기 원합니다. 하지만 크리스천은 세상을 얻기 위해 싸우는 것이 아니라 세상을 이기기 위해 싸웁니다. 왜냐하면 크리스천은 세상에 대해 죽었기 때문입니다. 이에 대하여는 나중에 더 구체적으로 다루겠습니다.

땅을 정복하고 다스리는 것보다 더 중요한 것은 우리가 하나님의 형상대로 창조되었다는 것입니다. 문제는 우리가 이 형상을 잃어버렸다는 데 있습니다. 기독교의 본질은 인간이 땅을 정복하고 다스리는 데 있는 것이 아니고, 하나님의 형상을 닮는 것에 있습니다. 어떻게 하면 우리가 하나님 아버지의 형상을 닮을 수 있을까요?

우리는 이것을 들의 백합에게서 배울 수 있습니다. 백합이 얼마나 아름다운지, 솔로몬의 모든 영광으로 입은 것이 백합보다 아름답지 못하다고 복음은 말합니다.(마 6:29) 솔로몬을 생각해 보십시오. 솔로몬은 지배자의 상징입니다. 다시 말해, 솔로몬은 '세상을 지배한 자', '세상을 얻은 자'의 상징입니다. 이 솔로몬의 영광을 상상해 보십시오. 모든 사람이 솔로몬 앞에서 무릎을 꿇습니다. 하지만 복음은 이런 솔로몬의 모든 영광보다 백합이 더 아름답다고 말합니다. 하지만 백합이 아무리 아름다울지라도 하나님을 닮지는 않았습니다. 그렇다면, 하나님을 닮은 사람은 얼마나 아름답습니까![04]

이 아름다움을 회복하는 것, 하나님을 닮은 자가 되는 것, 바로 이것이 제자도의 본질이라 말할 수 있습니다. 그렇다면, 하나님을 닮았다는 것은 무엇을 의미합니까? 하나님은 눈에 보이는 분이 아닙니다. 눈에 보이지 않는 하나님을 닮았다는 것은, 눈에 보이지 않는 아름다움을 의미합니다. 이것은 영적인 아름다움을 의미합니다. 어떻게하면, 우리가 이 아름다움을 회복할 수 있을까요?

인간을 '만물의 영장'이라고 말합니다. 만물의 영장은 영어로는 'the Lord of Creation'입니다. 다시 말해, '창조의 주인'이라는 뜻입니다. 인간은 창세기의 말씀대로 만물의 지배자요, 정복자입니다. 솔로몬은 그 인간 중에서 최고의 지배자의 상징이고요. 그런데 복음은 솔로몬의 영광이 백합의 아름다움보다 못하다고 말합니다. 이 말은 곧, 하나님의 형상을 입은 이 아름다움을 회복하기 위해서, 솔로몬이 그가 입은 지배자의 옷을 벗어 버려야 함을 의미합니다.

다시 말해, 세계의 지배자가 된 그가 하나님 앞에 무릎을 꿇는

04　이에 대한 더 자세한 논의는《새와 백합에게 배우라》2장을 참고하라. 쇠렌 키르케고르. 《새와 백합에게 배우라》이창우 역. 세종: 카리스아카데미, 2022.

것입니다. 이 세상의 지배자가 된 그가, 창조의 주인은 오직 하나님 한 분뿐이심을 고백하는 것입니다. 이것을 "예배"라 부릅니다. 바로 이것이 하나님을 닮은 아름다움을 회복하기 위한 첫 번째 조건입니다. 이것이 첫 번째 제자도의 시작이기도 합니다.

둘째, 하나님의 아들의 형상 곧 예수 그리스도의 형상을 본받는 것입니다. 복음은 "하나님이 미리 아신 자들을 또한 그 아들의 형상을 본받게 하기 위하여 미리 정하셨다."고 말합니다.(롬 8:32) 예배하는 자가 된 우리가 최후의 과업으로서 예수 그리스도의 형상을 닮을 때만 오직 하나님의 형상을 닮을 수 있고, 이 아름다움을 회복할 수 있습니다.

결론적으로 말해, 제자도는 미학입니다. 우리의 영적 상태를 아름답게 가꾸는 일입니다. 외적으로 아름다워지기 위해 매일 화장을 하듯, 우리는 아름다워지기 위해 우리의 영에 매일 화장을 해야 합니다. 이를 위한 첫 번째 관문이 바로 예배이고, 예배하는 자가 예배하면서 주님을 더욱 닮을 때 가장 아름다워집니다. 바로 이것이 우리의 매일의 관심사가 되어야 합니다. 이것이 제자도입니다.

2. 왜 말씀 읽기부터 시작하는가?

말씀이 거울이기 때문입니다. 거울은 우리의 상태를 점검해 줍니다.

말씀 앞에 선다는 것은 하나님 앞에 서는 것과 같습니다. 우리가 말씀 앞에 섰을 때만 우리의 전 존재가 다 드러나기 때문에 먼저 우리 자신의 상태를 발견하기 위해 말씀 읽기부터 시작해야 합니다. 이것은 의사가 환자의 상태를 진단하는 것과도 같습니다. 우리의 상태가 어떤지 진단하지 않았는데 병을 고칠 수가 없습니다.

영적으로 이야기하자면, 모든 사람은 병든 상태와 같습니다. 하지만 병들었다는 것을 인정하지 않는데 병을 고칠 수가 없습니다. 예를 들어, 암 환자를 생각해 보십시오. 암이 있는데도 암이 있다는 것을 모릅니다. 그는 스스로 건강하다고 착각하고 살아갑니다. 어느 날 병원에 가서 건강검진을 받았는데, 암이 있다는 소견을 받습니다. 그럼에도 그는 자신이 암환자라는 것을 인정하려 하지 않습니다. 왜냐면 아직 아무런 증상을 느끼지 못하고 평소대로 생활하고 있었기 때문입니다.

그러나 영적 상태는 이보다 더 심각합니다. 대부분의 사람들이 자기가 병들었다는 것을 모릅니다. 왜냐하면 이 병은 오직 말씀 앞에 섰을 때만 자각되기 때문입니다. 자기가 얼마나 중병에 들었는지, 얼마나 아픈 사람인지, 이 모든 것은 오직 말씀 앞에서 섰을 때만 알 수 있기 때문에, 진정한 말씀 읽기가 무엇인지부터 공부함으로써 출발해야 합니다.

자신에게 암세포가 퍼져 있다는 것을 알게되고, 이 사실을 인정하고 나면 자신의 인생에 대해 심각해지듯, 말씀 앞에서 자신이 어떤 존재인지 밝혀지고 나면 아주 심각해집니다. 따라서 말씀을 읽는다는 것은 유쾌하고 재미있고, 호기심이 가득한 '탐구'가 아닙니다. 말씀을 재미있게 탐구하는 과정은 진정한 의미에서 말씀 읽기가 아니라는 것을 거듭 말씀드립니다. 엄밀한 의미에서, 이렇게 말씀 앞에 섰을 때만 말씀이 덕을 세우기 시작합니다.

3. 전체 교육과정 안내

《말씀은 거울이다!》 출간을 시작으로, 다양한 성경공부 교재를 계속 출간할 계획입니다. 이 프로젝트에 여러 목사님들이 함께 동참할 예정입니다. 이 과정은 제가 홀로 진행하기에 아주 방대하기 때문입니다. 전체 교육과정의 큰 구조를 말씀드리면, 개인 차원, 대인관계 차원, 공동체 차원으로 나눌 수 있습니다.

1) 개인 차원

첫째, 이 과정에서는 사람과의 관계보다는 나와 하나님과의 관계에 중점을 둡니다. 하나님과 관계를 맺는 것이 얼마나 중요한지를 훈련하게 됩니다. 한 마디로 '코람데오'의 신앙을 배웁니다. 본 교재 역시 이런 차원에서 출간하게 되었습니다.

4차 산업혁명은 모든 것을 연결하고 있습니다. 심지어는 사물과 사물, 사물과 사람까지도 연결하는 시대가 되었습니다. 한 마디로 '초연결'이라고 말하기도 합니다. 하지만 아이러니하게도 모든 것을 연결하는 이 시대에 하나님만은 제외되었습니다. 사람이 모든 것과 단절될지라도, 하나님과 관계가 단절되어서는 안 됩니다. 그럼에도 불구하고—이 시대를 한 마디로 규정하자면—하나님과 함께하는 것이 아니라 스마트폰과 함께하는 시대가 되었습니다. 하나님이 언제나 우리와 함께하는 '임마누엘'이 아니라, 스마트폰이 언제나 함께하는 임마누엘이 되었습니다. 하지만 하나님과의 관계가 단절되는 것이 인류에게 어떤 비극을 만드는지 심각하게 생각해 볼 필요가 있습니다. 이 과정은 이런 점에서 중요합니다.

둘째, 셀프 리더십을 배우게 될 것입니다. 세상에 많은 셀프 리더십 책들이 나와 있습니다. 하지만 아쉽게도 기독교적 관점에서 배울 수 있는 셀프 리더십 교재는 존재하지 않습니다. 따라서 카리스 아카데미에서는 셀프 리더십 교재로 《온유 리더십》을 소개할 예정입니다. 온유는 기독교에서 아주 중요한 정신임에도 불구하고 지금까지 제대로 소개되지 않았습니다. 예수님은 '온유의 왕'이셨습니다. 이 과정에서 배우려는 리더십은 예수님께서 우리에게 배우라고 말씀하셨던 온유입니다.

셋째, 진리이신 예수 그리스도를 배우게 될 것입니다. 다시 말해, 모범과 본받음의 명확한 의미를 배우게 될 것입니다. 주님은 스스로를 "길"이라 말씀하셨습니다. 일반적으로 길은 수단이지 목적이 아닙니다. 길은 목적지로 안내하는 수단에 불과합니다. 하지만 주님께서 "나는 집이다."라고 말씀하신 적이 없습니다. 이런 점에서 이해한다면, 기독교에서의 길은 수단이 아니라 목적입니다.

"길이 목적이다!" 이 말을 깊이 생각해 볼 필요가 있습니다. 이런 점에서 진리에 대한 이해는 달라져야 합니다. 진리이신 예수 그리스도가 우리와 무슨 관계가 있는지 더욱 심층 깊게 배우게 되는 계기가 될 것입니다.

2) 대인관계 차원

첫째, 이 과정에서는 제자의 길을 배웁니다. 개인 차원에서 '예수 그리스도의 길'을 배웠다면, 이 과정에서는 '제자의 길'을 배웁니다. 말씀으로 변화된 크리스천은 세상을 변화시켜야 합니다. 하지만 크리스천은 어떤 기술이나 제도의 변화를 통해 세상을 변화시키는 것이 아닙니다. 크리스천은 '정신(spirit)'으로 세상을 바꿉니다. 이 과정을 통해 그리스도를 닮은 정신이 어떻게 세상을 이기는지를 배우게 될 것입니다.

둘째, 세상과 올바른 관계를 설정합니다. 개인 차원이 하나님과의 관계에 중점을 두었다면, 대인관계 차원에서는 다른 사람과의 관계에 중점을 둡니다. 대인관계 리더십이라 말할 수 있습니다. 대인관계 역시 하나의 기술입니다. 이 또한 훈련을 받아야 하는 영역입니다. 이 차원에서의 리더십의 핵심은 '존중과 신뢰'입니다.

3) 공동체 차원

첫째, 이 과정에서는 서번트 리더십을 배웁니다. 크리스천은 다른 사람 위에 군림하기 위해 리더가 되지 않습니다. 오히려 리더는 섬기는 자, 종이 되어야 합니다. 세상에서 리더는 섬기는 자가 아니고, 섬김을 받는 자입니다. 하지만 우리 주님께서는 "나는 섬김을 받으러 온 것이 아니고, 섬기러 왔다."고 말씀하셨습니다.(마 20:28)

주님은 온 세상의 주인이십니다. 스스로 창조의 주인이라 불렀던 인간은 주님 앞에 무릎을 꿇어야 할 존재입니다. 하지만 그런 주님께서 섬김을 받으러 온 것이 아니라 섬기러 왔다고 말씀하십니다. 따라서 주님을 닮는 자도, 리더가 되면 될수록 더욱 사람을 섬기는 자가 되어야 합니다.

둘째, 공동체와 조직 관리에 대해 배웁니다. 현재 전 세계적으로 플랫폼 기업들이 많이 생겨나고 있습니다. 플랫폼 기업의 특징은 거의 독점 형태로 성장하면서 세상에 많은 영향력을 행사한다는 점입니다. 대표적으로 카카오톡이 있습니다. 핵심 서비스인 메시지를 보내는 기능은 무료입니다. 그럼에도 불구하고 다양한 서비스를 제공함으로 카카오 본사뿐 아니라 수많은 사람과 기업들이 이 생태계를 통해 많은 수익을 창출하는 시대가 되었습니다.

플랫폼 기업이 가진 특징이야말로, 진정 교회가 해야 할 일이요, 사명이라고 생각합니다. 교회라는 플랫폼은 많은 사람들이 소통하는 공간이 되어야 합니다. 하나님의 말씀을 선포하고 구원의 방주가 되는 주된 역할과 함께 이 세상과 관계해야 합니다. 어떻게 하면 효과적으로 세상과 관계할 수 있을까요? 다양한 방식으로 세상과 소통할 수 있는 도구들을 개발하여, 많은 사람들이 교회에 오도록 해야 합니다. 이런 전체적인 운영과, 교회 조직 차원에서 해야 할 가장 필수적인 지식을 배웁니다.

차례

프롤로그 하나님 경외는 존재로만 표현된다. _12
과정안내 제자도 과정 소개 _20

1부　거울 속에 자신 보기... **33**

01 거울사업의 실패.. 35
　　나눔 질문.. 46

02 '거울 관찰'은 '거울 보기'가 아니다........................... 48
　　나눔 질문.. 57

03 편지에 담긴 소원.. 59
　　나눔 질문.. 66

04 학문적 읽기의 위험성 68
　　나눔 질문.. 77

05 홀로 하나님의 말씀에 대면하라 79
　　나눔 질문.. 91

2부　이것은 나이다!.. **95**

01 말씀을 오직 나에게 적용시키기................................ 97
　　나눔 질문.. 108

02 나단 선지자와 다윗.. 110
　　나눔질문.. 123

03 선한 사마리아인 125
　나눔질문 137

04 니고데모 140
　나눔질문 146

05 하나님의 말씀 148
　나눔 질문 152

3부　속히 잊지 않기 **157**

01 잊는 것을 예방하기 159
　나눔 질문 166

02 순간에 잊지 않기를 약속하기 168
　나눔질문 179

03 말씀을 듣고 침묵을 창조하기 181
　나눔질문 195

4부　행하는 믿음 **201**

01 격동하는 믿음 203
　나눔 질문 214

02 복음의 변질 218
　나눔 질문 231

03 행위와 공로 235
　나눔 질문 245

04 격동하기 248
　나눔 질문 263

에필로그 _268

거울 속에 자신 보기

첫째, 당신은 거울을 관찰하는 데 집중하지 말고
거울 속의 자신을 볼 수 있어야 한다.

거울사업의 실패

"하나님의 말씀은 거울이다. 말씀을 읽거나 말씀을 들을 때
나는 거울 속에 나 자신을 볼 수 있어야 한다."
– 키르케고르

야고보 사도는, 말씀을 듣고 행하지 않는 사람은 거울로 자신의 모습을 보기만 하고 자기가 어떻게 생겼는지 곧바로 잊어버리는 사람과 같다고 말합니다. 그럼에도 이 사람은 아주 훌륭한 사람입니다! 왜냐하면 거울 속의 자신의 모습을 보는 일에는 실패하지 않았기 때문입니다.

"너희는 말씀을 행하는 자가 되고 듣기만 하여 자신을 속이는 자가 되지 말라 누구든지 말씀을 듣고 행하지 아니하면 그는 거울로 자기의 생긴 얼굴을 보는 사람과 같아서 제 자신을 보고 가서 그 모습이 어떠했는지를 곧 잊어버리거니와 자유롭게 하는 온전한 율법을 들여다보고 있는 자는 듣고 잊어버리는 자가 아니요 실천하는 자니 이 사람은 그 행하는 일에 복을 받으리라"(약 1:22~25)

말씀은 거울과 같습니다. 아니, 거울 자체이지요. 이 거울 앞에 서 있을 때만 우리의 영적 상태가 철저히 드러나기 때문입니다. 그러나 이 거울 사업이 오늘날 얼마나 맥없이 주저앉고 있습니까? 바로 수많은 학문적인 접근들 때문입니다. 얼마나 많은 사람들이 성경 연구에 매달리고 있으며 얼마나 많은 학자들과 전문가들이 성경을 분석하고 있습니까? 그럼에도 불구하고 말씀을 묵상하는 일에는 게을리하고 있으니 얼마나 안타까운 일입니까!

말씀을 읽는 사람들이 도대체 얼마나 될까요? 많은 크리스천들은 성경이 하나님의 말씀이라고 여기고는 있지만, 성경책을 가까이 하는지는 의문입니다. 그저 주일에 한번 교회에 들고 가서는 다음 주일까지 한번도 펴보지 않는 신자들도 더러 있는 것 같습니다. 그러나 그 중에 말씀을 매일 읽는다고 자부하는 사람들도 있을 것입니다. 혹은 매일 경건의 시간을 가질 겁니다. 그러나 그럼에도, 정말로 말씀을 '제대로' 읽고 있는지, 돌아봐야 할 것입니다.

이 시점에서, 저 또한 저의 부끄러움을 여러분 앞에 먼저 고백해야 하겠습니다. 이 글을 쓰는 제 자신도 '거울 사업'에 실패할 때가 많습니다. 오늘 야고보 사도는, 말씀을 듣고 행하지 않는 사람은 거울을 보기만 하고 자신의 모습을 곧 잊어버리는 사람과 같다고 했습니다. 말씀을 읽고 그대로 행하고 있느냐고 누가 묻는다면, 저 역시 '네'라고 당당하게 말할 자신이 없습니다. 오히려 너무나 부끄럽게도, 사소한 일에도 자주 실패하는 저를 봅니다. 저는 성격이 급합니다. 교통법규를 지키는 것도 때론 귀찮아합니다. 사실, 제 자신에게 상당히 실망할 때가 차를 운전할 때입니다. 일상생활에서 어디 그것뿐이겠습니까? 아내와 사소한 대화를 나누는 중에도 분을 낼 때도 많이 있습니다. 많이 노력해서 좋아지고는 있지만, 평생동안 노력하며 성숙해가야 할 부분이라고 생각합니다.

> 말씀을 듣고
> 행하지 않는 사람은
> 자기 자신의 모습을
> 속히 잊어버리는
> 사람과 같다.

말씀을 듣고 행하지 않는 사람은, 거울을 보고 자신의 모습을 곧 잊어버리는 사람과 같습니다! 그렇다면, 이 거울 사업은 얼마나 성공하고 있습니까? 우리는 하나님의 말씀을 행하는 일에 그동안 얼마나 관심을 갖고 있었습니까? "오직 의인은 믿음으로 말미암아 산다"(롬1:17)는 말씀만 아전인수격으로 믿고, '오직 믿음'만 주장하지는 않았습니까? 네, 맞습니다. '오직 믿음'으로 구원을 받습니다. 그러나 그 믿음은 과연 어떤 믿음입니까? 행함이 없는, 혹시 죽은 믿음은 아닙니까?(약2:26)

제가 예상하기에 이 글을 읽고 있는 독자분들은 신실한 크리스천이거나, 그렇지 않더라도 최소한 매주 예배는 드리실 겁니다. 매주 예배에 출석하면서 하나님의 말씀을 '듣고' 있을 것입니다. 그렇다면, 말씀을 듣고 속히 행하는 일에 얼마나 진지합니까? 말씀을 듣고 속히 행하는 일에 진지하지 않다면, 도대체 무엇에 진지함을 가지고 있습니까?

"오늘 목사님 설교에는 문제가 있어. 이런 식의 해석은 성경 말씀과는 대치돼. 또 이 말씀의 해석은 설교 본문의 의미와 맞지 않아. 이 말씀 구절을 이런 방식으로 해석하다니 말씀에 대한 지식은 있는 것인가?"

속으로는 이런 생각을 하며 말씀을 듣고 있지는 않습니까? 당신을 질책하거나 꾸짖을 생각은 눈곱만큼도 없습니다. 제 자신이 그럴 자격도 되지 않는 사람입니다. 저부터도 말씀을 제대로 실행하지 못하여 거울 사업을 망친 사람 중 하나인데, 무슨 자격으로 당신을 질책할 수 있겠습니까? 다만, 제게 간절한 소망이 하나 있다면, '제 자신'을 말씀 앞에 바로 세우는 일입니다. 그러나 제가 말씀을 맡은 자이다보니, 제 자신부터 말씀 앞에 진지하게 세우지 못하고 다른 사람들을 세운다는 것이 가장 큰 약점입니다! 그렇게 보면 얼마나 저는 간사한 사람입니까?

말씀의 거울로 자신을 돌아보기는커녕 다른 사람들을 힘들게 하고, 말씀의 기준으로 자신을 볼 수 있어야 하는데, 다른 사람들만을 평가하려는 제 자신을 바라보게 됩니다. 바로 이것이 거울 사업의 실패는 아닙니까? 따라서 우리는 거울(말씀, 설교)을 관찰하고 분석하는 일에 몰두하기보다 '각자가 스스로' 말씀 앞에 바로 서는 일부터 해야 합니다. 우리는 그동안 '말씀 앞에 서는' 일을 게을리했는지도 모릅니다. 아니, 어쩌면 처음부터 말씀 앞에 서 본 적조차 없는지도 모릅니다! 그래서 분명한 것은 지금 나 자신의, 그리고 우리의, 거울 사업이 실패하고 있다는 것입니다. 만약 지금까지 이 거울 사업이 제대로 진행되고 있었다면, 오늘날 한국교회는 지금과는 확연히 다른 모습일 것입니다.

말씀 앞에 진지하게 서는 일! 이것이야말로 가장 소중하고 귀한 사역입니다. 우리가 '자기 자신'을 먼저 '말씀 앞에 세우는 일'을 하지 않는 한, 이 사업은 절대로 '성공'하지 못할 것입니다. 거울 사업은 아주 독특합니다. 거울 사업은 다른 사람을 위해 있지 않습니다. **오직 자기 자신만을 위해 존재합니다.** 그럼에도 불구하고 거울 사업이 다른 사람을 위해 존재하는 것처럼, 지금까지 거의 대부분의 믿는 자들이 그렇게 거울을 사용해 왔습니다. 특별히 저를 비롯한 대다수의 목회자들이 그렇게 해 왔는지도 모릅니다.

> 말씀은
> 오직 자기 자신만을
> 위해 존재한다.

아마도 당신은 그와 같은 일에 지쳐 있는지도 모릅니다. 목사님이 어느 날 말씀의 거울을 들고 나와 설교 강단에 섭니다. 그러더니 말씀의 거울을 가지고 자신을 보는 것이 아니라, 다른 사람을 비추기 시작합니다. 설교자 자신의 얼굴에 온갖 잡티가 수두룩한데, 그런 자신의 얼굴을 비추기는커녕 성도의 얼굴만 비추면서 얼굴 좀 닦고 다니라는 질책을 쏟아냅니다. 당신도 그런 거울 사업을 경험한 적이 있지는 않습니까? 저는 경험한 적이 있습니다. 일상의 삶 속에서 성도님들 역시 말씀의 잣대를 상대에게만 갖다 대는 일을 하기가 쉽습니다. 이 또한 모든 인간이 지닌 자기 중심적인 한계이기도 합니다.

말씀의 거울이 누구를 위하여 존재합니까? 우리 각 사람을 위해 존재해야 합니다. 거울은 누가 그것을 들여다보라고 존재합니까? 거울을 보는 자신입니다. **거울을 보는 사람은 거울 속의 자신을 보는 것입니다.** 그 거울로 다른 사람을 비춰 보라고 있는 것이 아닙니다! 만약 설교 강단에서 선포되는 말씀이 그 설교를 듣는 군중을 향하고 있는 것이 아니라 설교자 자신에게 향하는 말씀이 되어야 한다면, 설교자는 얼마나 두렵고 떨리겠습니까?

"우리 목사님이 그래요. 우리 교회에서 그렇게 말씀을 가지고 성도들을 판단해요. 우리 교회 리더 권사님이 성경공부 시간마다 그렇게 말씀의 잣대를 우리 집사들에게 적용시켜요."

> 말씀을 잣대로 다른 사람을 비판하는 것도 말씀을 올바로 활용한 것이 아니다.

혹시 당신이 이런 말씀을 하고 있나요? 그렇다면, 당신 역시 말씀의 잣대로 상대를 평가하고 있는 것은 아닌가요? 말씀의 거울을 바로 '그 목사님, 그 권사님'에게 향하고 있는 것입니다. 말씀의 잣대, 말씀의 거울을 들고 상대에게 들이대는 것, 성도들을 향해 들이대는 것! 그것은 말씀을 듣고 행해야 하는 일에서 오히려 아주 멀리 있는 것은 아닌가요? 당신은 제 의견에 동의하십니까? 저 역시 말을 꺼내기는 했지만, 상당히 조심스럽습니다. 그리고 사과드립니다. 왜냐하면 저 역시 이 말씀을 듣고 저에게 적용한 것이 아니라, 다른 사람에게 향했다는 것 때문입니다. 이토록 말씀을 자신에게 적용시키는 일은 참으로 어려운 일인 것 같습니다.

이 거울 사업의 실패에 대해 생각해 보셨습니까? 우리나라에서 얼마나 많은 사람들이 이 거울 사업에 관심이 있는지 저는 잘 모르겠습니다. 저 역시도 이 글을 쓰고 있지만, 이것이 도리어 거울 사업을 실패로 몰아가는 일이 되지 않기를 바라고 있습니다. 그래서 아주 조심스럽습니다. 말씀 앞에 똑바로 서는 일이 얼마나 두려운 일인가요? 이것이 얼마나 우리 삶을 진지하게 만들고 있나요?

예전에, '도가니 크리스천'이 사회적으로 큰 이슈가 된 적이 있습니다. 영화 《도가니》를 보고나서, 크리스천이 각성해야 한다는 의미에서 만든 말일 것입니다. 영화 도가니는 공지영 작가의 소설을 원작으로 만든 영화입니다. 이 영화는 실제 있었던 사건을 다루고 있습니다. 장애인들을 성폭행하고 학대했던 자들이 크리스천이었다는 이유로 사회에서 많은 비난을 받았습니다. 그때, 얼마나 많은 사람들이 크리스천들을 비난했습니까? 아마 당신도 한 번쯤은 그런 비난에 동참했는지도 모릅니다. 물론, 그들은 비난받아 마땅한 사람들이었고, 주님께 마땅한 심판을 받았을 것이고 또한 받을 것입니다.

그러나 다른 한 편으로 볼 때 말씀은 거울이기에, 말씀을 듣고 행하지 않는 사람은 거울을 보고 자신을 곧 잊어버리는 사람과 같다고 했습니다. 말씀의 거울은 다른 사람을 비춰보는 것이 아니라, 자신을 들여다보기 위한 것입니다. 만약 크리스천들 각자가 영화를 보고 "내가 도가니 크리스천은 아닌가?"라고 적용을 했다면, 아마도 전국에 회개의 물결이 일어났을지도 모를 일입니다. 말씀을 자신에게 적용시키는 일에 우리는 그동안 얼마나 진지했습니까? 나 자신보다는 잘못을 범한 상대를 비난하는 일에 더욱 진지하지는 않았습니까? 사회악에 대해 열을 올리며 이야기했지만 정작 우리 안에 있는 악에 대하여는 얼마나 진지했습니까? 우리 모두가 말씀의 거울로 우리 자신을 돌아보는 일에 진지해져야 합니다.

세상에는 거울을 전혀 보지 않는 사람들도 있습니다. 거울을 아예 안 보는 사람이 어떻게 자신의 모습을 볼 수 있겠습니까? 그러나 사람은 거울을 볼 수 있습니다. 엄밀히 말해, 거울의 형상을 보는 것이 아니라 거울에 비친 자신을 보는 것이지요. 동물의 경우를 한번 생각해 보시기 바랍니다. 애완용 강아지가 있다면, 강아지 앞에 거울을 가져가

보십시오. 강아지가 거울에 비친 자신을 알 수 있을까요? 거울 속의 자신을 볼 수 있는 능력은 인간에게만 제한되어 있다고 합니다. 거울을 안 보고 사는 사람이 있을까요? 있을 수도 있겠지요. 만약 그런 사람이 몇 년 동안 거울을 보지 않고 살다가 자신의 모습을 본다면 어떤 일이 벌어질까요? 아마도 거울 속에 있는 자신의 모습에 놀라 기겁할 수도 있습니다. 그러나 거울은 어디까지나 비유입니다. 말씀의 거울은 우리의 모습을 비춰보는 사물인 실제 거울과는 근본적으로 다릅니다. 말씀의 거울을 비춰 보았을 때만이 우리는 자신의 모습을 보고 자기가 누구인지를 깨닫게 됩니다. 말씀의 거울은 내면의 거울입니다.

그러나 거울을 보지 않고 사는 사람들이 얼마나 많이 있습니까? 세상 사람들은 엄밀히 말해 거울을 아예 본 적도 없는 사람들입니다. 세상을 살아가면서는 외모가 상당히 중요합니다. 외모를 잘 가꾸어야 세상에서도 대우받고 삽니다. 그러나 하나님은 사람의 외모를 보지 않으십니다. 하나님은 우리 자신이 스스로 내면의 모습을 볼 수 있도록 '말씀의 거울'을 우리에게 주셨습니다. 그러나 과연 얼마나 많은 사람들이 이 거울을 통해 자신을 보고 있습니까? 만약 이 거울을 볼 수만 있다면, 자신의 모습에 기겁하게 될 것입니다! 바로 이것이 말씀 앞에 서는 진지함입니다.

그러나 **거울 사업은 더 기만적인 방식으로 실패하고 있습니다.** 더 기만적인 방식! 이 방식은 아주 교활하게 교회로 흘러 들어왔습니다. 거울 사업의 실패! 그것은 말씀을 가장 가까이한다는 사람들로부터 흘러 들어왔습니다. 바로 학문적인 연구에만 몰두하는 학자들입니다. 거울의 전문가라고 자처하는 자들로부터 시작되어 교회 안으로까지 들어온 이 기만적 방식은, 지금도 유행하고 있습니다. 네, 그것은 거울 속의 자신을 보는 일을 가로막아서, 크리스천을 갈수록 더욱 힘들게 하고 있습니다. 물론, 신실한 학자분들도 많습니다. 그러나, 거울 속의 자신을 들여다보는 일에는 관심이 없고, 거울 자체의 형상을 관찰하는 일에만 빠지는 기만적인 방식이 교회에 들어온 것은 전문가를 자처하는 사람들을 통해서인 것은 분명합니다.

거울을 본다고 하는 사람이, 거울 속의 자신은 보지 않고 '거울 관찰'만 하고 있다면 과연 거울을 보고 있는 걸까요? 크리스천은 거울을 볼 때, 거울 속의 자신을 봐야지 거울을 관찰해서는 안 됩니다! 그러나 얼마나 많이 우리는 '거울을 관찰만' 하는 일에 몰두해 있었습니까? 거울 사업의 실패는 거울에 비친 자기 자신의 모습을 보기보다 '거울 관찰'에 몰두하는 사람들의 습관이 널리 퍼졌기 때문입니다.

나눔 질문

1. 거울 사업은 왜 실패했습니까?

    _____

    _____

    _____

2. '거울 관찰'과 '거울을 본다'는 것은 어떻게 차이가 있는 것일까요?
   성경 읽기의 관점에서는 어떤 차이가 있는 건가요?

    _____

    _____

    _____

3. 거울을 보는 것이 아닌 '거울 관찰'에 초점을 두는 모습이 교회 안에 있을까요? 서로 이야기 나누어 봅시다.

_____

_____

_____

4. 나 역시도 말씀을 통해 자신의 모습을 보는 것이 아니라 다른 사람에게 말씀의 잣대를 들이댄 적은 없는지요?

_____

_____

_____

02

'거울 관찰'은 거울 보기가 아니다

"하나님의 말씀은 거울이다!
거울만을 관찰하는 것은 말씀을 읽는 것이 아니다."

성경에 대한 학문적 연구가 필요없다거나 혹은 성경을 비판적으로 읽는 방법을 비난하는 것이 아닙니다. 성경에 대한 객관적인 관찰과 연구도 성경 읽기의 기본 토대로서 필요합니다. 다만, 학적인 성경읽기에만 빠져 진정으로 말씀 앞에 서는 일을 게을리하는 것은 말씀을 읽은 것이 아니라는 것을 말하려는 것입니다.

'거울 관찰'의 일들은 신학교에서 배우고, 가르쳐지고 있습니다. 학자들에 의해서 말씀에 대한 학문적인 해석의 표본이 제시되고, 많은 사람들은 또 다른 해석이 나오기까지 고대하고 기다립니다. 다시, 색다른 해석이 나올 때까지 지적인 만족은 생길 수 없습니다. 그러나 이것이 말씀을 읽는 것일까요? 우리는 거울을 관찰하지 말고 거울 속의 우리 자신을 볼 수 있어야 합니다. 즉, 거울을 관찰하는 일이 거울을 보는 일을 대체하고 있습니다.

> **거울을 관찰하는 것은 거울을 보는 것이 아니다.**

요즘 한국 기독교는, 지금까지 열심히 거울을 관찰해 온 덕분에 거울에 대한 방대한 지식이 축적되어 있습니다. 이런 연구는 더욱 가속화될 것입니다. 사람들은 더 많은 정보를 축적하게 될 것입니다. 이제는 인간이 만든 지식에 대하여 걱정할 필요가 없습니다. 모든 지식을 확보하고 또한 활용할 수 있는 기술도 생겼습니다. 4차 산업 혁명과 더불어 정보가 시공을 초월하여 이동하는 시대에 이미 접어들었습니다. 사람들은 이런 지식을 더욱 사모하게 될 것입니다. 인터넷에 접속해 보면, 성경에 대한 지식이 얼마나 많이 있습니까? 그러나 각자가 말씀을 진정으로 보는 일, 말씀 앞에 서는 일은 점점 더 줄어들고 있습니다. 그러나 '하나님의 말씀'은 거울입니다. 어느 시대를 막론하고 거울입니다.

이 부분에 대해서는 앞으로 더 복잡하게 될 것입니다. 성경에 대한 많은 의문들이 제시됩니다. 엄밀히 말해 얼마나 많은 것들이 '하나님의 말씀'에 속해 있습니까? 성서 66권 중 어떤 책이 믿을 만합니까? 정말 그 책들이 사도들에 의해, 하나님의 사람들에 의해서 쓰여졌습니까? 사도들의 말을 정말 믿을 만합니까? 그들은 개인적으로 정말 모든 것을 보았습니까?

성경을 읽는 방법에 대해서도 많은 견해와 입장들이 있습니다. 앞으로 수많은 학자들의 의견과 많은 주석들을 배워야 할 것입니다. 배우면 배울수록 더 복잡해질 것입니다. 이것이 얼마나 복잡한 이야기인지 당신은 새삼 느끼게 될 것입니다. 더욱 '말씀 전문가들'에게 의지하게 될 것입니다.

정말로 성경은 이렇게 복잡한 이야기들입니까? 심지어 어떤 학자들은 성경이 조작되었다고까지 이야기합니다. 어떤 말씀은 성경에서 빼야 한다고 말합니다. 또 어떤 말씀은 이치에 맞지 않다고 합니다. 그렇다면 오직 '전문가'만이 성경을 읽을 수 있습니까? 성경을 연구하는 것이 말씀을 읽는 것이라고 생각합니까?

하나님의 말씀은 거울입니다. 당신은 말씀을 읽으면서 거울에 비친 자신을 볼 수 있어야 합니다. 자, 보십시오! 그러나 이제 이 거울 사업이 너무나 복잡해져서 당신은 더 이상 자신을 거울 속에서 찾을 수 없게 될 것입니다. 그리고 사람들은 계속 미혹당할 것입니다.

"사람들이 그동안 개발해 온 모든 도구를 이용해서, 성경이 과연 무엇을 말하는지 우리가 최대한 밝혀내야 해!"

아, 이 얼마나 슬픈 일입니까! 사람들은 점점 거울 속에 비친 자신의 모습을 보는 데 집중하지 않습니다. 오히려, 그 거울의 외형은 어떻고, 재질은 어떤지 그리고 그에 따른 세부적인 기능들은 어떻게 다른지 또 거울의 생산지는 어디이며, 어떤 대단한 장인에 의해서 만들어졌는지를 계속 따져 묻습니다. 인간의 모든 이성과 정교한 기술들을 이용하여 하나님의 말씀을 계속 해부하는 현상을 보고 있습니다. 학자의 이름으로, 연구의 이름으로 하나님의 말씀을 실험실로 가져가는 것을 보고 있습니다.

하나님의 말씀은 이제는 실험실에서 벗어나기가 어려워질 것입니다. 심각하고 심오한 연구를 위해, 하나님의 말씀을 실험실로 계속 가져가야 한다고 사람들은 말할 것입니다. 신학교는 마치 이런 실험실과 같아서, 말씀들을 연구하고 쪼개어 인접한 영역의 지식의 도움을 받아 설명하려고 할 것입니다. 많은 믿는 자들은 이러한 지식에 열광하여, "대단한 발견이다. 새로운 연구 자료가 또 나왔다."고 환호성을 지르게 될 것입니다. 이런 모든 정보들은 다시 세상에 유포될 것입니다. 사람들은 수많은 정보를 세상으로부터 확인하며 환호성을 지르게 되는 사이, 어느 누구도 그 거울 속의 자신을 들여다보는 일에는 관심을 두지 않습니다.[04]

말씀을 읽는 것은 특별한 일입니다. 말씀을 읽는 것은, 영어나 수학 공부 혹은 역사나 사회과학 자료들을 읽는 것과는 근본적으로 다른 일입니다. 말씀이 거울이 되어 자신을 읽는 것과, 말씀을 해부학적 지식으로 바꾸어 읽는 것이 다르다는 말입니다. 이 둘은 무한히 다르다고 저는 생각합니다. 제 생각에 동의하신다면, 우리는 객관적 성경 연구(학문적 성경 읽기)와 성경 읽기를 구별하는 일부터 시작해야 합니다. 이런 생각을 좀 더 확장하기 위해 한 예시를 들어보고자 합니다.

한 남자가 사랑하는 사람으로부터 편지를 받았다고 상상해 보십시오.[05] 자, 이 남자는 애인으로부터 온 편지를 읽을 수가 없습니다.

---

04 쇠렌 키르케고르, 《자기 시험을 위하여》, 47-8쪽. 키르케고르는 1851년 이런 시대가 올 것을 예견하였다.

05 앞의 책, 49쪽. 이 편지 예화는 키르케고르의 작품을 편집한 것이다.

왜냐하면 국제 연애를 했고, 편지는 덴마크어로 쓰여 있기 때문입니다. 그때 아마도 다음과 같이 말할 것입니다.

"맞아, 사랑의 편지야. 그러나 이 편지는 외국어로 쓰여 있다고."

어려운 외국어로 쓰인 편지를 읽는다는 것은 정말 어려운 일입니다. 그래서 그는 편지를 어떻게 읽을 수 있을지 고민하고 있습니다. 그의 주변에는 덴마크어를 아는 사람도 없습니다. 당신이라면 이런 상황에서 어떻게 하겠습니까? 애인에게서 온 편지를 다른 사람에게 번역해 달라고 할 수 있습니까? 애인이 어떤 평범한 일상을 얘기했는지 뿐만 아니라, 어떤 비밀한 사랑의 속삭임을 편지에 썼는지조차도 당신은 알 수 없습니다. 그런 상황에서 번역해 달라며 남에게 이 편지를 줄 수 있을까요? 다른 사람은 자신의 비밀을 알지 못하도록, 오히려 어떤 도움도 원하지 않을 것입니다!

그렇다면, 그는 무엇을 할 수 있을까요? 그는 덴마크어 사전을 구입합니다. 덴마크어 문법책도 삽니다. 번역기도 활용해 보기 위해 컴퓨터도 켭니다. 모든 단어와 문법을 총동원하여 해석하려 할 것입니다. 그가 이 일에 바쁘게 몰두하고 있는 것을 상상해 보십시오. 그때, 누군가 갑자기 들어옵니다. 편지가 온 것을 압니다. 식탁 위에 편지가 놓여 있고, 그가 뭔가에 바쁘게 집중하는 것을 보기 때문입니다.

"애인에게서 온 편지를 읽고 있는가? 부럽군. 사랑하는 사람이 다 생기고!"

"친구여, 당신은 이것이 애인의 편지를 읽는 것이라고 생각하는가? 아니 친구여, 나는 그것을 번역하기 위해 사전까지 동원해 가며 악착스럽게 일하고 있는 것이라네. 때로는 지루하고, 답답해서 화가 난다네. 번역기에 넣어 보기도 하지만 엉뚱한 해석만 준다고! 사전도 시원치 않아. 덴마크어는 너무 어려워! 자네는 내가 편지를 읽는다고 말하지만, 농담 마! 이건 읽는 것이 아니야. 그러나 하나님 은혜로 조만간 이 번역 작업이 끝날 거야. 그때야 비로소 애인에게 온 편지를 읽게 될 걸세. 전적으로 다른 작업이지. 그런데 내가 지금 누구와 말하고 있는 거지? 방에서 나가주게나! 자네가 방해가 되는군. 내가 애인의 편지를 읽는다고 말하면서, 자네는 나와 내 애인을 얼마나 모욕하고 있나?

아니, 그냥 머물러 있게나. 농담인 거 알지? 나는 자네가 여기에 머물러 있기를 바라네. 그러나 솔직히 말해 내가 시간이 없어. 아직도 번역할 게 많이 남았어. 나는 참을성이 없어서 번역작업을 빨리 끝내고 이 편지를 '읽고' 싶네. 어쨌든, 미안하지만 지금은 돌아가 주면 내가 이것을 끝낼 수 있을 것 같네."[06]

그때, 사랑하는 사람에게서 온 편지에 대해, 이 남자는 사전을 동원해 번역해 읽는 것과, '사랑하는 사람으로부터 온 편지 읽기'를 구별합니다. 사전을 찾아보며 읽기를 할 때는, 그는 너무 참을성이 없어 보였습니다. 그의 친구가 이런 학문적 읽기와 사랑하는 사람으로부터 온 편지 읽기를 동일하게 여겼을 때 화를 냈습니다. 자, 이제는 그가 번역 작업을 끝냈고 애인으로부터 온 편지를 '읽습니다'. 그는 신중하게도, 학문적 작업을 거치는 읽기를 '필요악'이라고 생각하면서, 사랑하는 사람에게서 온 편지를 '읽는' 지점에 도달하게 됩니다.

> 그리스도인은 성경을 읽을 때,
> 학문적인 읽기와 성경 읽기를 구별한다.

하나님의 말씀 앞에 홀로 서는 것! 이것은 애인의 편지를 홀로 읽기 원하는 것과 같은 것이 되어야 합니다. 그렇지 않다면, 사랑하는 사람으로부터 온 편지를 읽는 것이 아니기 때문입니다. 그렇지 않다면, 하나님의 말씀을 읽는 것이 아니며 거울 속의 자신을 보는 것이 아니기 때문입니다. 그것은 정말로 우리가 해야 하는 것이며, 말씀의 거울

---

06   쇠렌 키르케고르,《자기 시험을 위하여》, 50-51쪽.

앞에서 축복으로 우리 자신을 보고자 한다면, 우리가 첫 번째로 해야 할 일입니다. 거울을 관찰하는 것이 아니라 거울 속의 자신을 볼 수 있어야 합니다.[07]

---

07   쇠렌 키르케고르, 《자기 시험을 위하여》, 47-51쪽 참고.

나눔 질문

1. 말씀을 읽는 것과 다른 공부를 하는 것과는 어떤 차이가 있다고 생각하십니까? 말씀을 읽는 것은 어떻게 특별하다고 생각하십니까?

_____

_____

_____

　　성경을 하나님의 말씀으로 믿고 읽는 사람과 그냥 호기심 삼아 성경을 읽는 사람들을 생각해 보십시오. 그들에게 성경을 읽는 방식에서 무슨 일이 생길까요? 한 사람은 하나님께서 나에게 무슨 말씀을 하시는지를 생각하며 성경을 읽습니다. 하지만 다른 사람은 도대체 성경이 말하는 것이 무엇인지 핵심 맥락을 파악하기 위해 다른 종교와 비교하며 읽고 있습니다.

2. 매일 큐티를 하거나 성경공부반에 등록되어 있다면, 자신이 하는 큐티나 성경공부를 객관적인 성경 연구와 성경 읽기로 구별할 수 있습니까? 어떻게 하면, 더 성경 읽기의 방향으로 갈 수 있을까요?

_____

_____

_____

우리는 성경을 읽고 난 후, '적용'에 대해 말합니다. 성경을 읽고 나면 우리 삶에 적용시켜야 한다는 것이지요. 하지만 하나님의 말씀을 읽고 그것을 우리 삶으로 가져와 해석하는 것이 진정 '적용'인지는 다시 한 번 생각해 볼 필요가 있습니다. 물론, 본문 말씀을 기준으로 우리 삶에 적용하는 해석이 나쁜 것은 아닙니다. 성경을 읽으면서 꼭 필요한 과정이기도 합니다. 하지만 말씀을 삶으로 표현하는 것과는 다른 문제입니다.

03

편지에 담긴 소원

"나의 말을 듣고 행하는 자는
그 집을 반석 위에 지은 지혜로운 사람과 같다."(마 7:24)

[04]사랑하는 사람으로부터 온 편지에 애정의 표현 뿐만 아니라, 사랑하는 사람이 바라는 소원이 담겨 있다고 가정해 봅시다. 편지에서 그에게 매우 많은 것들을 요구하고 있습니다. "답장을 부탁해요. 한국의 맛있는 음식을 보내주세요. 예쁜 옷을 사서 보내 주세요." 아마도 이런 내용들일 것입니다. 제삼자의 입장에서라면, 요구사항에 대해 심사숙고한 후에, 그것을 하지 않아도 좋은 이유를 찾을 수도 있을 것입니다. 물건이 너무 비싸서 못 사겠다고 할 수도 있을 것입니다. 혹은

---

04 이후의 구절은 다음을 참고하라. 쇠렌 키르케고르, 《자기 시험을 위하여》, 51-55쪽.

운송료가 너무 비싸서 다음에 덴마크에 갈 때 갖고 가겠다고 할 수도 있습니다.

그러나 애인의 입장에서는 그렇지 않습니다. 그는 사랑하는 사람의 부탁을 들어주기 위해 황급히 떠날 것입니다. 그가 애인을 진심으로 사랑한다면, 애인의 소원을 들어주려 최선을 다할 것입니다. 즉, 애인에게 답장을 하고 물건도 보내줄 것입니다. 혹시라도 번역작업이 다 끝나지 않았더라도 이해한 부분부터 실행하기 시작할 것입니다. 당신은 애인의 마음을 이미 알게 됐는데, 아직 번역이 완전히 끝나지 않았다 해서, 이해가 덜 되는 부분이 남았다 해서, 사소한 몇몇 부분을 계속 번역하는 일만 하고 있을 수 있나요?

> 그는 사랑하는 자의 소원을 이루기 위해 즉시 떠날 것이다!

얼마 후에 두 사람은 만났습니다. 그 남자가 애인을 만나러 덴마크로 간 것입니다. 만났을 때 그녀가 이렇게 말합니다.

"그러나 자기야, 사소한 몇 가지는 내가 말했던 거랑 달라요. 내 말을 오해했거나 잘못 번역했군요."

언어가 통하지 않았기에 정확히 이해하진 못했지만, 그는 사랑하는 이의 의도를 잘 알아차렸습니다. 편지에서 비록 몇 가지 의문점들과 해석 못한 부분도 있었지만, 해석에 의구심이 드는 부분 때문에 아무것도 하지 못하고 편지 앞에만 앉아 있어야 할까요? 그 남자의 행동이 사랑하는 그녀를 덜 기쁘게 했다고 생각합니까?

이 남자의 의도를 사랑하는 여인이 알았다면 고마워했을 것입니다. 그가 잘못 행한 것은 충분히 이해받을 수 있었을 것입니다. 그러나 당신은 제 의견에 동의하지 않을 수도 있습니다. 당신의 동의를 구하기 위해 다른 예를 들어볼까 합니다.

부지런하고 영리한 한 학생이 있다고 합시다. 어느 날 선생님이 다음날 수업을 위해 책의 한 부분을 과제로 내주면서 말합니다.

"네가 내일까지 이 부분을 미리 공부해 왔으면 한다."

이 말은 학생에게 깊은 인상을 남겼습니다. 학생은 집에 가서 즉시 숙제를 시작했습니다. 그러나 정확히 어디까지 공부해야 할지 모릅니다. 그가 무엇을 했을까요? 학생에게 깊은 인상을 주었던 것은 선생님의 말씀이었기에 그는 실제로 자신이 할 수 있는 것보다 두 배 이상 읽었습니다. 당신이 생각하기에, 두 배 이상으로 분량을 더 읽어간 그

학생을 선생님이 혼냈을까요?

또 다른 학생을 생각해 봅시다. 선생님으로부터 숙제에 대해 동일한 이야기를 들었습니다. 그 또한 어디까지 공부해야 할지는 정확히 듣지 못했습니다. 집에 가서 혼자 말합니다.

"어디까지 공부를 해야 하는지부터 먼저 알아봐야겠어."

그래서 이 학생은 같은 반 친구들 중 한명에게 전화해서 물어봅니다. 그러나 친구도 숙제 범위를 모릅니다. 다른 친구 역시 마찬가지 입니다. 인맥을 총동원하여 숙제 범위를 알아봤지만 결국 알지 못했습니다. 대신 이 학생은 컴퓨터 게임에 빠져 온종일 게임하다 시간을 다 보냈습니다. 어디까지 읽어야 하는지 몰랐기 때문에, 읽기를 시작하지도 못했습니다. 나중에 선생님께 혼나지 않았을까요? 선생님 연락처를 알았다면 좋았을 텐데 안타까운 일입니다.[05]

우리가 성경에 대해 다 아는 것은 아닙니다. 말씀에 대한 '지식'에 부족한 부분도 많습니다. 말씀의 '전문가'도 아닙니다. 그러나 말씀을 가지고 있고, 읽을 수도 있습니다. 모든 말씀이 다 어려운가요? 말씀은 우리를 힘들게 하는 괴물인가요? 때로 이해가 안되는 부분이 있더라도, 말씀을 이해한 부분부터 먼저 실천한 후에, 이해할 수 없는 부분을

05   쇠렌 키르케고르,《자기 시험을 위하여》, 52-3쪽.

다루는 것이 맞는 순서는 아닐까요? 혹은, 말씀을 잘못 이해했기 때문에 잘못 실행한 것을, 하나님께서 용서하지 않을 것이라고 생각합니까?

잘못 실행했다 해서 하나님께서 당신을 힘들게 하지 않으실 거라고 저는 생각합니다. 오히려, 행함이 없는 자들에게는 책망이 있을 것입니다. 지금까지 우리가 나눈 이야기를 요약하자면 다음과 같습니다.

> 사랑하는 이로부터 온 편지를 받은 남자는 그를 향한 소원을 담고 있는 편지를 읽었다면, 그것을 즉시 행하는 것이 진정한 '읽기' 임을 이해하고 있었다. 그래서 그에게 지체할 시간은 없다.

우리는 하나님의 말씀을 읽기 시작할 수 있다는 사실에 기뻐해야 합니다. 만약 거기에 소원이 담겨 있다면, 거기에 계명이 있다면, 거기에 명령이 있다면, 그때 말씀이 요구한 것을 실천하기를 시작하십시오! 당신은 다음과 같이 말할지도 모릅니다.

"그러나 성경에는 너무 애매한 본문이 많이 있습니다. 모든 책은 실제로 수수께끼 같습니다."[06]

---

06 앞의 책, 54쪽.

그 질문에 제가 대답해 보겠습니다. 그런 말들은 실제로 말씀을 행한 사람들만 할 수 있다는 것을 기억하십시오. 한국의 교회를 보십시오. 많은 그리스도인들이 생겼습니다. 그리고 SNS에서 어떤 말들이 오가는지 보십시오.

저는 페이스북에서 많은 이야기들을 읽고 정보를 얻고 있습니다. 얼마나 많은 사람들이 교회에 대한 비판을 쏟아내는지 모릅니다. 그러나 과연 누구에게 비판할 자격이 있습니까? 현실에서 말씀을 실천하고 그 삶을 살아낸 자만이 비판할 수 있습니다. 마찬가지로, 말씀의 애매한 본문을 잡고 씨름할 수 있는 사람은 그 말씀을 실행한 사람이어야 하는 것은 아닌가요? 좀 더 명확히 하자면, 이해하기 쉬운 본문부터 먼저 실행한 후에, 애매한 본문을 잡고 씨름해야 할 것입니다. 성경에는 애매한 본문이 많고 마치 수수께끼 같다는 말을 할 수 있는 사람은, 이해하기 쉬운 모든 구절들부터 먼저 실행해 온 사람들입니다!

당신은 이 경우에 해당됩니까? 이것이 사랑하는 사람에게서 온 편지에 응답하는 방법입니다. 편지 속에 애매한 본문도 있지만 또한 확실히 표현된 소원이 있다면, 편지를 받은 남자는 다음과 같이 말할 것입니다.

"나는 그 소원을 즉시 실행해야 해. 그 후에 애매한 부분을 처리할 거야. 확실히 이해했던 소원부터 먼저 실행하지도 않고 어떻게 애매한 본문만 붙들고 앉아서 고민할 수 있겠어?"

당신이 성경을 읽을 때도 마찬가지로, 애매한 본문도 있지만 확실히 표현된 명령, 의무, 혹은 소원이 있다면 애매한 본문을 먼저 붙들고 고민하는 것이 아니라, 확실히 표현된 명령, 의무, 혹은 소원을 먼저 실행해야 합니다.

달리 말해, **하나님의 말씀을 읽을 때 당신을 붙드는 말씀은 애매한 본문이 아니라 확실히 이해된 본문이며, 당신은 그것을 즉시 실행해야 합니다.**[07] 성경 전체에서 오직 한 구절만을 이해했다면 무엇보다 먼저 그 구절을 행해야 하며, 애매한 구절들을 붙들고 앉아 고민할 필요가 없습니다!

> 그리스도인을 붙드는 말씀은 애매한 본문이 아니라
> 이해된 본문이다. 그리고 그것을 즉시 실행하라!

---

07 쇠렌 키르케고르, 《자기 시험을 위하여》, 54쪽.

나눔 질문

1. 성경을 읽다가 잘 이해되지 않는 구절을 맞닥뜨린 적이나 성경 구절에 대한 해석 때문에 논쟁한 적이 있다면, 경험을 나누어 주세요. 다시금, 그 구절을 살펴보면, 그리스도인의 삶에 얼마나 중요한 부분이라는 생각이 드십니까?

_____

_____

_____

성경을 읽다 보면, 도저히 이해가 되지 않는 부분이 있을 것입니다. 이 부분에 대해 주석을 찾았으나 명쾌한 답을 찾지 못했을 수도 있습니다. 이런 구절을 만났을 때, 아마도 우리는 더욱 기도실을 찾을 때가 아닌지 반문해 봅니다.

2. 초신자가 아니라면, 그리스도인이 삶에서 실천해야 할 중요한 사항들은 무엇이 있는지 나눠봅시다. 개인적인 실천에 대한 노력에 대해서도 나눠봅시다.

_____

_____

_____

3. 혹시, 현재 자기 자신이 씨름하고 있는 말씀이 있다면 나눠봅시다.

_____

_____

_____

04

학문적 읽기의 위험성

"하나님의 말씀은 살아 있고 활력이 있어 좌우에 날선 어떤 검보다도 예리하여 혼과 영과 및 관절과 골수를 찔러 쪼개기까지 하며 또 마음의 생각과 뜻을 판단하시나니"(히 4:15)

만약 당신이 장래 학자가 되기 원한다면, 하나님의 말씀을 매일 대면하는 일을 게을리하지 마십시오. 하나님의 말씀을 이런 방식으로 읽지 않는다면, 매일 몇 시간씩 평생 하나님의 말씀을 연구하더라도 그것은 하나님의 말씀을 읽은 것이 아니라는 것을 깨닫게 될 것입니다. 매일의 학문적 읽기가 말씀을 실행으로 옮기기를 싫어하는 당신의 마음을 포장할 수도 있다는 사실을 명심해야 합니다. 거울을 관찰하는 데에 즉각 달려가지 말고 거울 속의 자신을 보기 위해 즉시 실행하십시오.

미래를 전망해 봅시다. 앞으로 한국의 기독교인들은 하나님의 말씀을 어떻게 대할까요? 대략적으로 두 부류로 나눌 수 있을 것입니다. 우선 아마도 대다수의 그리스도인들은 하나님의 말씀을 읽어야 한다는 당위에는 동의하더라도 진지하게 읽는데까지 나아가지 못할 것입니다. 그리고 소수의 전문가들은 학문적 연구의 대상으로 성경을 대할 것입니다. 그러나 그들은 하나님의 말씀을 읽는 것이 아니라 관찰하는데 더 열중한다고 말해야 더 합당할 것입니다. 다른 말로 하자면, 대다수는 하나님의 말씀을 읽기 힘든 고대의 책 정도로 간주할 것입니다. 소수만이 하나님의 말씀을 대단히 놀랄 만한 고대의 책으로 보고 있는데, 그 책을 연구하기 위해 놀랄만한 근면과 감각적 기술을 쏟아부을 것입니다. 즉, 거울을 관찰하게 될 것입니다. 학문적인 연구에 몰입하게 될 것입니다.

[04]한 나라를 상상해 보기 바랍니다. 왕이 모든 관리들과 백성들에게 칙령을 공포하였습니다. 놀랄 만한 변화가 모든 사람들에게 생겼습니다. 모든 사람들이 해석자로 바뀌었습니다. 관리들은 저자가 되었습니다. 그리고 매번 기념일에 해석과 주석서들이 발표되었지요. 하나를 더 알게 되면 될수록, 더 예리해지고, 더 우아해지고, 더 심오해지고, 더

---

04 이후의 구절은 다음을 참고하라. 쇠렌 키르케고르, 《자기 시험을 위하여》, 61-2쪽.

기발해지고, 더 훌륭해지고, 더 아름다워지고, 다른 어떤 것보다 훨씬 더 고상해졌습니다. 몇몇 비판자들의 의견에 따라, 칙령의 개요를 보수하기로 되어 있었으나 이 방대한 문학적 개요를 다 보수하기는 힘들었습니다. 비판 자체가 너무 장황한 문학이 되어 버려서 비판의 개요도 요약하기가 불가능했습니다! 모든 것은 해석이 되었습니다. 어떤 사람도 칙령을 준수하고 따라야 하는 방식으로 칙령을 읽지 않았습니다. 또한 관리들은 진지함의 본질을 바꾸어, 해석의 분주함을 진정한 진지함으로 바꾸어 놓았습니다.

어느 날 왕이 어떤 마을을 방문했습니다. 백성들은 칙령을 실천으로 옮기는 것에는 관심이 없었고 모든 것은 해석이 되어 있었습니다. 수많은 주석서들과 해설이 마을에 나돌고 있었고 많은 사람들은 칙령을 가지고 해석하고 토론하고 있었습니다. 어떤 이는 칙령을 자기 나름대로 해석하기도 하고, 다른 사람은 토론에 재미가 들려 공무원들과 난상토론을 하기도 했고, 또 어떤 사람은 나름대로의 해설서들을 내놓기도 했습니다. 왕은 마을에 도착하여 이런 광경을 지켜봅니다. 왕은 자신이 내린 칙령을 실행하기는커녕 이야기만 하고 있는 사람들을 불러들입니다. 실천의 진지함을 해석의 분주함으로 바꾸어 놓은 자들을 찾습니다. 그리고 왕은, 실천에 옮기지 못한 사람들은 용서했지만 실천의 진지함을 해석의 진지함으로 바꾸어 놓은 관리들과 그와 함께 한 사람들은 용서하지 않았습니다. 인간의 왕도 이럴 것인데, 전지전능한 왕이신 하나님은 어떨까요? 하나님께서 다음과 같이 말씀하지 않을까요?

"그들은 칙령에 순종하지 않았다. 그래도 나는 용서할 수 있다. 그들이 연합하여 나에게 인내심을 요구하거나, 그들에게 매우 부담스러운 짐으로 느껴지는 칙령을 면제해달라고 청원을 올려도 나는 그들을 용서할 수 있다. 그러나 내가 용서할 수 없는 것은, 그들이 진지함의 관점을 바꾸는 것이다."

관리들은 실천의 진지함을 해석의 진지함으로 바꾸어 놓았던 것입니다. 말씀을 지키고 있습니까? 모든 말씀 앞에 진지하게 대면하고 있습니까? 아마도 말씀을 지키지 못해서 괴로워하고 있는지도 모릅니다. 그러나 염려하지 마십시오. 말씀을 지키지 못해서 괴로워하고 있는 당신은 용서받을 수 있기 때문입니다. 말씀을 이해할 수 없어 괴로워하고 있습니까? 그렇지만 실천의 진지함 속에서 살아가고 있다면 당신도 용서받을 수 있으니 근심하지 마십시오. 그러나 만약 실천의 진지함을 바꾸어, 말씀의 연구와 해석의 진지함으로 바꾸어 놓은 자가 있다면, 그래서 말씀의 실천 앞에서 한 번도 괴로워한 적이 없다면, 그 사람은 용서받을 수 없다는 것을 명심하십시오!

> 실천의 진지함을 학문적 진지함으로
> 바꾸어 놓은 자는 용서받을 수 없다!

"저희에게 이르시되 기록된 바 내 집은 기도하는 집이 되리라
하였거늘 너희는 강도의 굴혈을 만들었도다 하시니라(눅19:46)."

성경 말씀의 여러 다양한 번역들과 모든 새로운 학문적 연구들은 근엄하고 진지한 원리들을 만들어 내기에, 하나님의 말씀을 적합하게 이해하기 위한 여러 가지 시도들입니다. 그러나 조금 더 면밀히 살펴보십시오. 하나님의 말씀에 대항하여 자신을 변호하기 위해 있다는 것을 보게 될 것입니다. 오히려 하나님의 말씀은 너무나 쉬워서 하나님의 말씀 속에 포함되어 있는 요구사항을 쉽게 이해할 수 있습니다.("네가 온전하고자 할찐대 가서 네 소유를 팔아 가난한 자들을 주라 그리하면 하늘에서 보화가 네게 있으리라 그리고 와서 나를 좇으라 하시니." "악한 자를 대적지 말라 누구든지 네 오른편 뺨을 치거든 왼편도 돌려 대며." "너를 송사하여 속옷을 가지고자 하는 자에게 겉옷까지도 가지게 하며." "항상 기뻐하라." "너희가 여러 가지 시험을 만나거든 온전히

기쁘게 여기라." 등[05])

이것들 모두는 "오늘 날씨가 맑다."와 같은 날씨 예보만큼이나 이해하기 쉽습니다. 그러나 주석가들이 그것을 해석하기 위해 나타난다면, 단 한 가지의 방법으로는 이해하기 힘들게 될 것입니다. 주석가들은 이런 저런 방법으로 설명하려 달려들 것입니다. 이런 쉬운 구절도 가장 해석하기 어렵게 바꾸어 놓을지도 모릅니다. 이 구절들에 대한 주석을 실제로 살펴보기 바랍니다. 다양한 견해들이 있음을 실감할 것입니다. 주석서들을 확인하는 순간, 실천은 더욱 어려워질 것입니다. 당신의 방황이 곧 시작될 것입니다.

가장 가엾은 피조물조차도 하나님께서 요구하신 내용이 무엇인지 알고 순종합니다. 그러나 육신을 가진 인간이 그것을 이해하고 그대로 실천하는 것이 매우 어렵게 될 것입니다. 하나님의 말씀이 그 사람을 정말로 통치하도록 하는 데에서 도피하려는 것은 인간적인 것입니다. 다른 어떤 사람도 이것을 인정하지 않을지라도, 제 자신이 그렇게 하나님의 말씀에서 도피한 사람이라는 것을 고백합니다. 그가 해야만 하는 것을 즉각적으로 행동으로 옮기지 못해서 여전히 싸워 나갈 것을 약속하면서, 하나님께 인내심을 구하면서 기도하고 있다면 인간적인 것입니다. 요구조건이 너무 커서 하나님께 긍휼을 구하는 것도 또한

05 마19:21, 마5:39,40 살전5:16, 약1:2 참조

인간적인 것입니다. 다른 사람들이 이것을 받아들이지 못할지라도, 제가 바로 그 사람이라는 것을 고백합니다.

그러나 그럼에도 불구하고 그 문제를 완전히 다른 쪽에서 출발하는 것은 인간적인 것이 아닙니다. 한 층, 한 층 교묘하게 쌓아 놓은 해석과 학문적 연구들, 그리고 더 심층적이고 학문적 연구들을 파고 들어가 봅니다. 거기에는 엄청난 기만이 있다는 것을 발견합니다. 이것은 마치 소년이 얻어맞을 때, 바지 속에 푹신한 솜을 넣은 방식과 흡사합니다. 소년은 엉덩이를 얻어맞아도 아프지 않습니다. 이런 학문적 연구를 하는 사람은 아무리 말씀을 연구해도 아프지 않습니다. 왜냐하면 그들은 말씀을 연구하지만 아프지 않도록 솜을 잔뜩 껴 넣었기 때문입니다. 그들의 연구물은 어쩌면 아이 바지 속에 껴 넣은 솜에 불과합니다.[06]

저는 말씀과 제 자신 사이에 있는 이러한 모든 것들을 파고 들어가 봅니다. 제 자신이 신학적 열정이 가득했었고 학문적인 열정으로 성경을 읽었습니다. 오직 학문적인 열정에 사로잡혀서 하나님의 말씀을 말씀되게 하지 못했습니다. 그러면서 많은 사람들을 학문적인 열정을 갖도록 끌어들였습니다. 이러한 해석과 학문성에 진지함의 이름과 진리에 대한 열정을 부여하게 되면, 말씀은 더 부풀려져서 솜을 넣은

---

06 쇠렌 키르케고르, 《자기 시험을 위하여》, 64쪽.

것과 같게 됩니다.

하나님의 말씀을 진정한 말씀 자체로 받아들이지 못할뿐더러 거울에 비친 제 자신을 볼 수도 없습니다. 이런 모든 연구와 고민과 관찰들은 저에게 말씀을 더 가까이 가져온 것처럼 보였습니다. '진리가 바로 이 길인 것'처럼 보였습니다. 제가 얼마나 학문적 지식을 사모한 자인지 모릅니다. 그러나 그것은 하나님의 말씀을 제 자신으로부터 최대한 가장 멀리 떨어지게 하며, 결국은 제거하는, 가장 교활한 방법이었습니다!

앞으로 한국 교회가 어떻게 될 것이라고 생각합니까? 도대체 학문적인 연구의 목적이 무엇입니까? 기독교의 '적'은 어디에 있습니까? 기독교를 비난하는 사람들이 우리의 적일까요? 혹은 우리가 그들에게 진리를 전해야 하는 것은 아닙니까?

그러나 우리의 진정한 적은 우리와 가장 가까이 있다고 생각합니다. 하나님의 말씀을 연구한다고 하면서, 말씀을 진정한 말씀으로 대면하지 않고 실험실로 가져가는 사람들이 그들입니다. 그것은 하나님의 말씀을 본 적도 없는 사람보다, 자기 자신을 말씀에서 훨씬 더 무한히 멀리 떨어뜨리는 방법이 될 것입니다. 가능한 한 멀리 하나님의 말씀을 던져버린 것으로 인해 그 자신이 두려워 떠는 사람보다도, 자신에게서 하나님의 말씀을 훨씬 더 무한히 멀어지게 하는 방법이 될 것입니다!

요구하는 것(거울 속의 자신을 보아야 하는 것)으로부터 훨씬 더 먼 거리, 결코 거울을 본 적이 없는 사람보다도 훨씬 더 먼 거리, 말씀으로부터 멀고 먼 거리를 두는 방법은 이것입니다. 즉, **매일 온전히 수동적으로! 거울만을 관찰하는 것!**

> 성서를 가지고 학문적 연구만 하는 것은
> 말씀을 결코 읽어 본 적은 없이,
> 말씀을 무한히 먼 거리에 놓고 말씀을 제거하는,
> 가장 교활한 방법이다!

나눔 질문

1. 실천의 진지함을 학문적인 진지함으로 바꾸었다는 것은 무슨
   의미일까요?

   _____

   _____

   _____

우리는 어쩌면 진지함의 개념이 바뀌어야 합니다. 세상 사람들은
세상에서 성공하고 출세하는 데 진지합니다. 또한 돈을 많이 벌 수 있는
노하우, 고시에 합격하는 비법 등에 대해 진지합니다. 물론, 그런 것들이
크리스천의 삶에도 상당히 중요합니다. 그럼에도 불구하고, 영원을
사모하는 크리스천들은 이보다 더욱 본질적인 것에 대해 진지해져야
합니다. 이 실천은 유한한 지식과는 아무런 상관이 없습니다. 이것이

무엇을 의미하는지 깊이 생각해 볼 필요가 있습니다.

2. 학문적인 연구가 아이러니하게도 말씀과 가장 멀어지는 길인
    이유는 무엇이라고 생각합니까?

    _____

    _____

    _____

05

홀로 하나님의 말씀에 대면하라(자기 해석학)

"하나님 지식 없는 진정한 자기 지식은 없다.
거울 앞에 서는 것은 하나님 앞에 서는 것을 의미한다."
-키르케고르

성경을 홀로 읽는 것이 위험하다는 생각은 학자들이나 교수님들에게 암묵적으로 인정되고 있습니다. 그래서 때로는 성경을 깊이 연구하는 사람들이 홀로 성경을 읽는 것에 대한 위험성을 말하기도 합니다.

신학교 교수님들은 새로운 관점과 시야를 넓히기 위해 상당히 진지했으며 많은 비평적 관점을 제시했지요. 자신의 것이 옳은 방법이라고 서로 주장하며 논쟁하기도 합니다. 무엇이 옳은지는 아직도 딱 잘라 말할 수는 없습니다. 수많은 주장들이 있으니까요. 각 주장들의 결론이 어떻게 날지는 하나님만 아실 일이지만, 그런 주장들은 영원히 정리되지 않을 수도 있습니다. 창세기는 거짓말이다, 모세 오경의 저자가 모세가 아니다, 이사야서는 다 짜깁기이다, 사복음서도 어떤 자료를 베껴 쓴 것이다 등등의 수많은 '주장'과 '설'들이 나돌고 있습니다.

앞에서 언급했듯이, 학문적인 성경 읽기는 성경 읽기가 아닙니다. 오히려 성경을 왜곡시키는 가장 기만적인 전술이 될 수 있습니다. 학문적으로 성경을 읽은 것이 마치 진정한 읽기인 것처럼 착각하게 만들지요. 그러나 그런 방식은 하나님 앞에 진정으로 가까이 다가간 것이 아닙니다. 그럼에도 불구하고, 오늘날 학문적으로 성경을 읽는 사람이 말씀을 가장 잘 아는 자이며, 하나님 앞에 가장 가까이 간 자로 여겨지고 있습니다. 많은 학자들의 주장과 신학교에서 생산되는 말씀의 학문적 지식 안에만 성도들이 머무른다면, 하나님의 나라는 어디에 존재하게 될까요? 바로, 실험실입니다. 해부학적 지식 속에 하나님의 나라는 갇히게 될 것입니다! 차라리 다음과 같은 사람이 더 솔직하지 않겠습니까? 어떤 사람(우리는 그의 결론에 찬성할 수 없을지라도 유능하고 진지한 사람)이 홀로 말합니다.[04]

---

04 쇠렌 키르케고르, 《자기 시험을 위하여》, 56-57쪽.

"나는 어떤 일을 적당히 하는 것에 대해 능숙하지 않다. 하나님의 말씀인 이 책은 나에게는 너무나 위험한 책이다. 그리고 너무 고압적인 책이다. 내가 그 책에 손가락 하나를 대면 나의 손 전체를 요구하고, 손 전체를 주면 그 사람 자체를 요구한다. 그리고 갑작스럽고도 급진적으로 어마어마한 양으로 나의 전체 삶을 변화시킬지도 모른다. 아니, 나는 이 책에 대해 단 한 마디의 경멸적인 말이나 폄하하는 말 없이 외딴 장소에 놓아둔다. 그리고 나는 그 책과 홀로 있기를 거부한다. 이 책은 나에게 너무나 많은 것을 요구한다."

이렇게 말하는 사람이 나타난다면, 그의 얘기에 전적으로 동의하지 못하더라도, 그의 정직함에는 동의할 것입니다! 성경을 홀로 읽는다는 것이 얼마나 어려운 일인지 고백하는 정직함 말입니다. 어쩌면 이 사람은 학문적 지식에만 몰두하는 분들보다 낫다고 할 수 있을 것입니다.

[05]다른 예를 하나 들어 봅시다. 어떤 사람은 반항심에 의해, 자신은 확실히 성경과 홀로 있을 수 있다고 주장할 수 있습니다. 그럼에도 불구하고 그것은 진실한 것이 아닙니다. 그는 여러 다른 방법으로 하나님의 말씀에 대항하며, 자신을 방어하게 될 것입니다. 어쩌면 이

---

05   이후의 구절은 다음을 참고하라. 쇠렌 키르케고르, 《자기 시험을 위하여》, 58-60쪽.

사람이야말로 자기 자신을 가장 많이 속이고 있는지도 모릅니다.

그는 성경을 홀로 읽기를 시작할 것입니다. 성경을 가지고 골방에 들어갑니다. 그리고 문을 잠급니다. 그때 그는 열 개의 사전과 25개의 주석서를 가져갑니다. 신문이나 게시판이나 잡지의 글을 읽듯이, 조용하고 냉철하게 성경을 읽습니다. 주석서와 사전들을 찾아보며 성경의 의미를 찾기 위해 몰두합니다. 주석서와 사전을 샅샅이 뒤지는 과정에서 누구보다 방대한 양의 자료를 본 것에 만족하며 어떤 의미에 도달한 건지는 확실치 않습니다. 여러 구절들을 읽으면서 앉아 있을 때, 충분히 호기심에 차서 다음과 같은 생각에 도달할 수도 있습니다.

"내가 이것을 행했던가? 내가 이 말씀을 따라 살고 있는가?"

그때, 위험은 그리 크지 않습니다. 행함에 대해 그리 진지하지 않았기 때문입니다. 그냥 갑작스럽게 떠오른 생각일 뿐입니다. 행함에 대하여 진지했다면, 모든 삶이 뒤틀리고 지진이 일어나고 세계가 뒤집히는 경험을 했을 것입니다. 이것이 말씀이 가지고 있는 위험성입니다. 그러나 그는 그런 위험을 경험할 이유가 없을 것입니다. 그는 계속 말씀 연구에 몰입합니다. 그러다가 어느 구절에 가서는, 아마 다음과 같이 말할 수도 있습니다.

"아마도 거기에 몇 가지 변수가 있을 것이다. 새로운 원고가 막 발견되었을 수도 있고, 한 의견에 5명의 해석가가 있을지 모르고, 다른 의견에는 아마도 7명의 해석가가 있을 것이고, 2명은 특이한 의견을, 나머지 3명은 갈팡질팡하거나 아예 의견이 없을 수도 있다. 그러나 나는 이 구절의 의미에 확신이 없어. 솔직히 말해 이 사람들의 '의견'에 동의하고 있지."

그는 속으로 이렇게 생각하며 말씀에 대한 학문적 지식을 쌓습니다. 자신의 연구에 어느 정도 만족한 것 같습니다. 학회 논문을 발표할 준비 중에 있는 것 같기도 합니다. 그러나 이런 사람은 제가 지금 말하려 하는 '어색한 위치'에 절대로 놓일 수 없습니다. 즉, 즉각적으로 말씀을 순종해야만 하는 곳, 혹은 어쩔 수 없이 겸손하게 자신을 고백하고 회개할 수밖에 없는 곳! 그는 이 어색한 장소에 절대로 가지 못할 것입니다.

> 학문적 지식에 진지한 자는 순종과 회개에 이르지 못한다.

아니, 그는 침묵하고 있다가 말할 것입니다.

"내게는 어떤 문제도 없어. 불일치가 해결되고 해석자들이 상당수 동의만 해주면 그때는 확실히 말씀을 따를 의향이 있지."

그는 자신을 속이고 기만하는 일에 성공한 것입니다. 또한, 하나님의 말씀에 순종할 마음이 없었던 자가 바로 자신이었다는 것을 결코 이해하지 못할 것입니다. 얼마나 비극적인 학문 연구의 결말입니까! 그러나 이런 일들이 우리 사회에서 얼마나 자주 벌어지고 있습니까? 사람들이 자신을 속이는 얼마나 기만적인 전술입니까? 속지 마십시오. 학문적인 지식 습득에 너무 열광하지 마십시오. 학문적 연구가 모두 나쁘다는 것이 절대 아닙니다. 그러나 학문적인 연구 자체로 끝나는 것은 성경연구를 가장 기만적인 방식으로 바꾸어 놓는 행동입니다. 그렇게 많은 착각과 자기기만이 없었다면, 확실히 사람들은 다음의 고백을 인정했을 것입니다.

"하나님의 말씀 앞에 감히 홀로 서기가 두렵다."

다시 한 번 애인의 편지를 생각해 봅시다. 덴마크어로 쓰인 편지를 읽는 것은 아주 어려운 일입니다. 애인의 편지를 받은 남자가 덴마크어 사전을 가지고 직접 번역 작업을 하고 있는 동안 지인이 방문했었죠. 당신에게 묻겠습니다. 그가 사전을 가지고 편지를 번역하는 동안 그는 지인에게 방해를 받았나요? 네, 물론 방해를 받은 것은 사실입니다. 그러나 지인이 옆에 앉아 있더라도 그는 편지를 번역할 수 있을 것입니다. 혹은 능률은 떨어질지 모르겠지만, 지인을 옆에 앉혀 놓고도 번역 작업은 가능합니다. 단지, 번역 작업이 지연될 수 있을 것입니다.

마침내, 번역 작업은 끝났습니다. 자, 이제 보십시오. 그는 편지를 읽기 원합니다. 편지를 막 읽으려는 순간 지인이 들어온다면, 그는 편지를 읽을 수 있을까요? 당신이 홀로 있지 않고서야, 사랑하는 이의 편지를 읽을 수 있을까요? 그래서 애인의 편지를 받은 남자는 속으로 다음과 같이 고백합니다.

"편지를 읽는 데 방해받지 않도록 확실히 해 두어야 해. 특히 번역할 때 찾아왔던 그 친구가 들어오지 않도록 확실히 해 두자. 일단 문을 걸어 잠그고 아무도 없는 것처럼 하자. 그런데도 누군가 들어온다면 그것은 무단침입이지. 혹은 도둑이거나. 나는 오직 편지와 대면하기 위해 아무에게도 간섭받지 않고 홀로 있을 거야. 만약 내가 그렇게 하지 않는다면, 나는 사랑하는 이의 편지를 읽는 것이 아니야."

남자는 홀로 편지 읽기를 원했습니다. 그리고 그는 다음과 같이 말했지요.

"그렇지 않았다면, 나는 편지를 읽은 것이 아니야."

다른 사람과 대화하면서 어떻게 애인의 편지를 읽을 수 있겠습니까? 하나님의 말씀을 읽는 것도 마치 이와 같습니다. 당신이 하나님의 말씀을 읽기 원한다면 애인의 편지를 읽듯 그렇게 읽어야 합니다.

> 홀로 하나님의 말씀과 대면하지 않는 사람도
> 역시 말씀을 읽는 것이 아니다.

하나님의 말씀과 함께 홀로 서는 것! 하나님의 말씀을 갖고 홀로 서는 것이 가능하다고 생각합니까? 혹은 당신은 하나님의 말씀을 홀로 대면하는 일을 지금까지 얼마나 해 왔는지요? 여기에서 저 자신이 고백하기 원합니다. 저는 지금까지 하나님의 말씀과 감히 홀로 대면하여 설 수 없었습니다. 오직 하나님의 말씀만을 가지고 홀로 설 만한 용기와 정직함을 갖고 있는 사람도, 저는 지금까지 본 적이 없습니다. 당신은 하나님의 말씀과 홀로 섰다고 생각하는지요?

매 순간 하나님 말씀을 홀로 마주하는 일이 얼마나 어려운 일인지요. 성경을 읽고 있으면 그것이 하나님의 말씀을 마주하는 일일까요? 그렇다면, 세상 사람들도 성경을 집에 가져가서 홀로 읽을 수 있는 것 아닙니까? 다른 사람의 연애편지를 읽어 본 적이 있나요? 당신의 사건을 다루고 있는 당신의 연애편지를 읽는 것이 아니라, 다른 사람의 연애편지를 읽는다면 같은 사랑의 열정을 느낄 수 있을까요? 그러나 말씀을 홀로 읽는다는 것은 얼마나 더 어려운 일입니까!

요즘 한국 사회에 이단이 많이 돌아다닙니다. 무료 성경공부를 시켜준다, 영어로 성경공부를 한다, 우주의 원리를 알려 준다 같은 내용으로 사람들을 현혹합니다. 다양한 방법의 성경 해석을 내놓으며 그리스도인들을 유혹합니다. 기존 교단은 교단대로, 이단에 빠지지 않기 위해서라도 성경에 대한 지식을 알아야 한다고 권면하면서, 홀로 성경을 읽는 것에 대한 위험성을 강조합니다. 홀로 성경을 읽다가 오히려 오류에 빠질 수도 있다는 것입니다.

혹은 이런 생각은 어떨까요? 정말 싸구려 복음을 전하는 자가 있습니다. 예를 들어, 복음이 정한 가격의 50분의 1수준의 값을 치르고 그리스도인이 될 수 있다고 전하는 자가 있습니다. 그는 행함은 제거되어도 좋고 오직 믿음으로만 구원을 받는다고 책을 썼습니다. 틀린 말은 아닌 것 같지만 조금 이상합니다. 사람들은 그를 조심하라고 소리칩니다. 절대로 그가 쓴 것을 읽지 말라고 합니다. 특히 홀로 읽는 것은 아주 위험하다고 합니다. 그와 이야기하지도 말고 특히 그와 단 둘이서만 있으면 안 된다고 말합니다. 그는 위험한 사람이라는 것입니다. 특히, 이단에 빠진 사람을 만나면 이런 조언을 많이 합니다.

"너의 성경 지식으로는 이단을 상대하기 힘들다. 이단을 만날 때 절대로 너 혼자 만나서는 안 된다."

가끔 이런 조언을 들을 때가 있습니다. 이단들은 훈련이 잘 되어 있어서, 우리의 신앙 지식으로는 그들을 상대할 수 없으니 절대로 혼자 만나는 일이 없도록 조심하라고 합니다. 맞습니다. 이런 말에 전적으로 동의합니다. 성경 지식이 얕은 사람들이 이단의 유혹에 노출된다면 충분히 넘어갈 가능성이 있기 때문입니다.

지금까지 두 가지 예를 들었습니다. 싸구려 복음을 전한 사람과 이단에 빠진 사람입니다. 혼자서 그런 사람 만나는 일을 반드시 조심하십시오! 그러나 여기에 하나님의 말씀이 있습니다. 하나님의 말씀을 홀로 대면하는 일! 이것은 얼마나 더 위험한 일입니까! 싸구려 복음을 만나거나 이단을 만나는 일과 비교가 될 것이라고 생각합니까? 하나님의 말씀을 대면하는 일이 위험한 일이 아니라고 생각합니까?

말씀 앞에 홀로 선다는 것! 사람이 진정으로 하나님 앞에 홀로 섰을 때, 그 다음에 어떤 일이 벌어질지는 예측할 수 없습니다. 그 사람의 인생은 완전히 뒤틀릴지도 모릅니다. 그가 인생에서 중요하다고 생각해 온 모든 것들을 다 버려야 할지도 모릅니다.

성경은 얼마나 위험한 책입니까? 싸구려 복음, 모든 사이비 종교, 세상의 많은 종교적인 다툼들이 다 어디에서 나왔습니까? 성경! 성경! 성경! 이 위험한 책에서 나왔습니다. 이 위험한 책을 어떻게 해석하느냐에 따라서 이 세상에 많은 일들이 있었습니다. 많은 전쟁도 있었습니다. 동의하지 않습니까? 그런데, 이 위험한 책을 읽을 때 홀로 읽는 것을 추천한다니! 위험한 일입니다! 그럼에도 불구하고 말씀은 홀로 읽어야 하며, 홀로 읽지 않는 한 말씀을 읽은 것이 아닙니다. 그러나 누가 감히 말씀을 홀로 대면해 왔습니까? 이 위험한 책이 얼마나 많이 팔려 나갔고, 또한 많이 읽도록 얼마나 추천하고 있습니까?

성경을 홀로 읽는 것! 저는 감히 그렇게 못하겠습니다. 제가 만일 그것을 열면, 어떤 구절이라도 즉시 저를 덫에 빠지게 할 것입니다. 성경이 저에게 묻습니다.

"네가 거기에서 읽었던 것을 행한 적이 있느냐? 너는 말씀을 얼마나 실천하며 살아왔느냐?"

말씀을 대면하는 순간, 엄청난 잣대로 말씀은 저를 평가합니다. 그때, 그때, 저는 덫에 걸려 넘어지고 맙니다. 그리고 그때 즉각 행동으로 옮기든가, 아니면 겸손한 마음으로 말씀을 실행할 수 없음을 고백해야 할 것입니다. 저는 말씀 앞에서 무너진 적이 많이 있습니다. 말씀을 실행할 수 있는 그런 큰 자가 아니었습니다.

성경이 위험한 책이라는 말에 동의하십니까? 동의하지 않을 수도 있습니다. 그렇지만, 말씀 앞에 홀로 서는 일은 위험합니다. 말씀을 읽는 것이 우리에게 유익이 되는 일이지 어떻게 위험한 일이 될 수 있는지 반문하실 수도 있습니다. 아마도, 먼저 위험이 오고 유익이 다음에 오는 것 같습니다. 게다가, 유익도 우리가 이해하는 유익이 아닐 수도 있습니다. 말씀 앞에 대면하는 그 순간, 우리의 모든 가치 기준이 흔들리고 지진을 일으키고 전환되기 때문입니다. 어쨌든, 말씀을 홀로 읽는 것, 그리고 당신이 그렇게 하지 않는다면, 그것은 성경을 읽는 것이 아닙니다.

나눔 질문

1. 말씀이 왜 '위험하다'는 것인가요?

_____

_____

_____

　　이 세상에 많은 위험이 존재합니다. 우리의 신체에 해를 가할 위험이 존재하기도 하고, 가지고 있는 재산을 상실할 위험도 존재합니다. 하지만 말씀 앞에서의 '위험'은 이런 종류의 위험과는 차원을 달리하는 위험입니다. 말씀 앞에서의 위험은 유한한 것들을 상실할 위험 앞에 있는 것이 아닙니다. 말씀 앞에서 위험을 인식하는 것은 눈에 보이지 않는 것, 영원한 것을 상실할 위험 앞에 서는 것이지요. 이때 우리는 무언가를 선택해야 합니다.

2. 막연하더라도, 자신이 이 글에서 말하는 '어색한 자리'에 서 본 경험이 있나요? 있다면 자신의 경험을 나눠주시면 감사하겠습니다.

_____

_____

_____

3. 우리가 홀로 하나님의 말씀을 대면해야 하는 이유는 무엇입니까?

_____

_____

_____

세상은 시끄럽고, 혼란스럽습니다. 세상 사람들은 서로 비교하고 다양성에 사로잡혀 있습니다. 많은 학문들이 있고, 사회는 발전했음에도 불구하고 '내가 누구인지'는 명확히 할 수가 없습니다. 말씀이 거울이라면, 거울 없이 나 자신이 누구인지 명확히 알 수 없습니다.

우리는 '자아 정체성'에 대해 배우고 공부했습니다. 거울에 비친 자신의 모습을 몰라보는 동물은 자아 정체성이라는 것이 있을 수가 없습니다. 또한, 자기가 속한 집단에서 자아 정체성을 찾는 사람도 집단의 위기가 오면 정체성을 상실합니다. 그들은 일종의 '사회적 거울'에 사로잡혀 있습니다. 사회 속에서 자신의 '자아'를 찾습니다. 하지만 이것은 진정한 '나'가 아닙니다. 일종의 '거울 자아', '사회적 자아'라고도 말합니다.

2

이것은 나이다!

두 번째 요구사항은 거울 속의 자신을 보기 위하여, 하나님의 말씀을 읽을 때 끊임없이 당신 자신에게 다음을 말해야 하는 것을 기억하라. 그래야 당신은 거울에 비친 진정한 자신을 볼 수 있게 된다. 즉, "말씀이 말하고 있는 것은 바로 나이다, 말씀은 나에 대하여 말하고 있다."

01

말씀을 오직 나에게 적용시키기

"보라, 날이 이를지라. 내가 기근을 땅에 보내리니 양식이 없어 주림이 아니며
물이 없어 갈함이 아니요 여호와의 말씀을 듣지 못한 기갈이라."(암 8:11)

당신은 말씀을 얼마나 자주, 자신에게 적용해 왔습니까? 우리는
말씀을 자기 자신에게 적용하기보다 다른 사람에게 적용하는 것을 더
좋아하는 것 같습니다. 저 역시 말씀을 전하는 자로서, 이런 실수를
범하는 경우가 많이 있습니다. 사람들의 언행이 일치하지 않는 모습을
보면 지적하기에 바쁩니다. 실제 말은 하지 않는 것 같아도 마음은 이미
판단하고 있습니다. 이런 현상은 이미 너무나 자연스러워, 우리 자신을
돌아보기 어렵습니다.

그러나 하나님과 하나님의 말씀에 관하여 우리 자신을 속이지 맙시다. 자신을 교활한 상태로 놓아두지 맙시다. 하나님의 말씀과 관련해 생각해 볼 때, 우리 인간은 매우 교활합니다. 심지어 우리 중에 가장 멍청한 사람도 매우 교활한 것 같습니다. 육신을 가진 인간과 자기 사랑(self-love)은 그렇게 교활합니다. 왜냐하면 우리는 말씀을 읽을 때, 그것을 자신에게 적용하려 하지 않기 때문입니다.[04]

제가 한국의 기독교에 대해 감히 한마디하고자 합니다. 한국의 기독교는 말씀과 관련하여 어떻게 되겠습니까? **우리는 다른 사람들을 정죄하고 비판하는 데 말씀을 더 많이 사용하게 될 것입니다.** 이런 비극은 이미 진행 중에 있습니다. 여러 대중 매체를 통해 접하는 소식들을 보십시오. 이런 비극을 확인할 수 있을 것입니다. 진실로 비극적인 시대입니다.

시대가 갈수록, 사람들은 다른 사람을 말씀의 잣대로 더 정죄하려 할 것입니다. 크리스천들끼리 서로를 물어뜯으며 자멸하는 시대가 올 것입니다. 말씀은 상대를 찌르는 무기가 될 것입니다. 이 무기는 어떤 무기보다 더 날카롭기 때문에 영혼을 죽이게 될 것입니다. 차라리 몽둥이로 한 대 맞는 것이 낫습니다. 말씀으로 휘두른 폭력은 가시지 않는 상처로 남게 될 것입니다. 교회의 본질을 세운다고 말하면서

---

04 쇠렌 키르케고르, 《자기 시험을 위하여》, 65쪽

말씀으로 서로를 비판하는 비극적인 시대가 이미 개막을 했습니다.

인터넷을 통해 계속적으로 담론을 형성하게 될 것입니다. 담론들이 쌓이고 쌓여 서로를 물어뜯게 될 것입니다. 과거 어떤 시대에서의 사람들보다도 더욱 날카롭게 서로를 비방하게 될 것입니다. 모든 것은 말씀의 전쟁이 될 것입니다. 그러나 어디에 가도 말씀은 찾지 못할 것입니다. 많은 곳에서 말씀이 울려 퍼질 것입니다. 심지어는 TV만 켜도 말씀을 가깝게 경청할 수 있을 것입니다. 그러나 정작 우리의 심금을 울리는 설교를 찾기가 어려워질 것입니다. 어떤 시대보다도 말씀을 접하기 쉽고 번역서가 많고 주석서가 많으며, 또한 선포자가 많고 말씀에 대한 전문가가 넘쳐나지만, 정작 우리의 심령을 울리는 말씀은 사라지고 영적인 사막은 지속될 것입니다.

경제적으로는 아마도 가장 풍요로운 시대에 살 수도 있습니다. 모든 과학문명의 수혜 안에서 최첨단 기술로 무장된 시대에 살 수도 있을 것입니다. 그러나 그런 모든 풍요가 정말로 인류사의 희극인지 비극인지에 의문을 품어야 하는 날이 올 것입니다. 수많은 말씀들이 각 교회 안에서, 심지어는 인터넷을 통해서도 선포되고 있습니다. 이렇게 말씀 풍년이 들었던 시기를 역사 속에서 찾아볼 수 없을 만큼 말씀은 날로 풍성해질 것입니다. 그러나 정작 우리의 마음을 울리는 말씀은

없어서, 가장 풍요한 말씀의 시대에서 역설적으로 가장 말씀의 빈곤에
허덕이게 될 것입니다.

아모스 선지자가 말하듯이, "이제 기근이 땅에 임하게 될 것입니다.
양식이 없어 주림이 아닙니다. 물이 없어 갈함도 아닙니다. 오직
하나님의 말씀을 듣지 못한 기갈입니다. 사람들이 이 바다에서 저
바다까지, 북쪽에서 동쪽까지 비틀거리며
하나님의 말씀을 구하려고 돌아다녀도 얻지
못할 것입니다. 그 날에 아름다운 처녀와 젊은
남자가 다 갈하여 쓰러질 것입니다."(암8:11-13) 이
모든 것들이 참된 하나님의 말씀을 듣지 못했기
때문에 오는 현상입니다. 물질적으로는 가장 풍요로울지 몰라도,
정신적으로는 가장 빈곤한 상태에 이르게 될 것입니다.

> 역설적으로
> 말씀이
> 넘쳐날수록,
> 말씀의 기갈이
> 있을 것이다!

그러므로 기독교 세계 안에서 사람들은 하나님과 말씀에 대한
개념들을 더욱 날조하게 될 것입니다. 하나님의 말씀에 대적하기 위해
날조한 것이라 말하지 않습니다. 그러나 자신을 방어하기 위해 말씀을
사용하게 될 것입니다. **오직 말씀은 자신의 이론과 자신의 생각을
방어하는 수단이 될 것입니다.** 이단이니, 삼단이니, 정통이니 하는 많은
분쟁들도 생기게 될 것입니다. 같은 성경을 인용하지만 오직 자신의

승리를 위해서만 말씀을 인용하게 될 것입니다.

그러나 말씀이 왜 존재합니까? 분쟁의 유리한 고지를 획득하기 위한 수단으로 말씀이 존재하는 겁니까? 객관적인 진리를 알기 위한 도구로 말씀이 존재하는 겁니까? 많은 변증 신학이 존재하는 것도 사실입니다. 그런 변증신학을 제가 부정하지는 않습니다. 말씀을 객관적인 연구 자료로 쓰는 것도 반대하지 않습니다. 그럼에도 불구하고 무엇인가 문제가 있습니다. 즉, **말씀을 오직 자신에게 적용하는 운동이 생략되어 있습니다.** 학술연구를 하는 전문가 집단에서 이런 일은 더욱 가속화되고 있습니다.

말씀은 우리 자신에게 적용해야 합니다. 우리가 이 운동을 게을리 한다면, 아무리 많은 말씀이 쏟아져 나온다 하더라도 말씀의 능력은 사라지게 될 것입니다. 이 세계는 다시 영적인 사막이 될 것입니다. 많은 말씀들이 울려 퍼지지만, 가슴을 치며 통곡하고 회개하는 사람들은 사라지게 될 것입니다. 말씀을 연구하고자 하는 분들은 연구하십시오. 그러나 연구만으로 끝나는 어떤 것도 하나님의 말씀과 대면하지 않았다는 것을 명심하십시오!

객관적으로만 성경을 보려 하는 것이 얼마나 교활한지 상상해 보십시오! 어떤 사람들은 성경을 보면서 자신에 대하여 생각하는 것은 공허한 것, 병적으로 공허한 것(vanity)이라고까지 말합니다. 물론, 자신에 대한 많은 생각 가운데, 공허하고 병적인 것도 있을 수 있습니다. "나는 이런 사람이야, 나는 저런 사람이야"라고 말할 수 있는 주관적인 생각들이 존재합니다. 정말로 많은 경우에 있어서 그럴 수 있으나, 하나님의 말씀이 나 자신을 주관하도록 할 때에는 그럴 수 없습니다.[05]

말씀을 객관적으로 분석하는 것은 말씀과 대면하는 것도 아니요, 하나님을 만나는 것도 아닙니다. 말씀을 진지하게 만나는 일은 불가능할 것입니다. 객관적인 말씀의 분석은 말 그대로 객관적일 뿐입니다. 진리의 말씀이 객관적이라고 생각하십니까? 진리는 객관적입니까?

저는 그럴 수 없다고 봅니다. 조금 더 명확하게 표현하자면, **진리는 주관성 속에 있어야 합니다.** 저는 진리의 상대성을 주장하거나 혹은, 진리가 여러 개 있다고 주장하는 것이 아닙니다. 진리는 오직 하나입니다. 그럼에도 불구하고 하나님의 말씀과 만나는 자리는 절대로 객관적인 곳은 아닌 것 같습니다.

사람들은 놀이를 합니다. 놀이를 즐기는 이유가 무엇일까요? 놀이는

---

05 Hans-Georg Gadamer, 《진리와 방법》 이길우 외 3인 역 (서울: 문학동네, 2003), 189-204 쪽을 참조하라. 해석학적인 주제로 보았을 때에는 "놀이"로 설명할 수 있을 것이다. 놀이의 참여 자와 구경꾼은 많은 차이가 있다. 놀이에 참여하는 자는 놀이를 경험할 수 있지만 놀이를 구경하는 사람은 놀이를 경험할 수 없다. 가다머에 의하면 놀이의 의미는 중간태적이다.

'진지한 세계로부터의 도피'입니다. 우리가 살고 있는 세계는 너무 진지하고 심각합니다. 그래서 때로는 스트레스가 쌓이기도 하지요. 그래서 일종의 기분전환으로 놀이를 선택합니다. 처음에는 웃어가면서 놀이를 할 수 있겠지만, 진심으로 놀이의 세계에 진입하는 순간 그는 진지해지기 시작합니다. 즉, 진지한 세계가 싫어서 놀이를 시작했건만 **놀이의 세계에서 진지해지지 않는 한, 그는 놀이를 경험할 수 없습니다.** 더 엄밀하게 말해서 놀이에 완전히 빠졌을 때에만, 그는 진지하고 심각한 세계로부터 도피할 수 있습니다.

놀러갈 때 공부할 책을 가지고 가는 친구들을 봅니다. 제 생각에는 그런 사람들은 바보 같습니다. 놀지도 못하면서 그렇다고 공부도 못합니다. 놀면서 공부 생각하고, 공부하면서 노는 생각을 합니다. 한 번도 자신의 세계에서 벗어난 적도 없고, 참된 놀이도 경험하지 못합니다.

놀이를 경험하기 위해서는 놀이에 완전히 진지해져야 합니다. 놀이 참가자가 놀이를 제대로 경험할 때가 언제일까요? 처음 놀이를 시작했을 때는 놀이가 그렇게 재미있지 않았을 것입니다. 그러나 놀이를 계속 하다 보면, 참가자가

> 놀이의 주체는
> 놀이하는
> 사람이 아니라
> 놀이 자체다!

놀이에 푹 빠지는 시점이 옵니다. 그때, 참가자는 주체가 바뀌는 경험을 합니다. 즉, 처음에는 노는 사람이 자기 자신이었지만, 놀이의 세계에 진지하게 빠져들수록 참가자가 놀이의 주체가 아니라, 놀이가 주체가 되어 참가자의 정신을 지배하게 되는 것이지요.[06]

하나님의 말씀을 읽는 것도 마치 이와 같다고 봅니다. 즉, 처음에는 아이들이 놀듯이 성경을 가지고 놉니다. 말씀에 대하여 진지하지도 않습니다. 아무 생각 없이 성경을 읽을 수도 있습니다. 그때, 성경은 누가 읽고 있습니까? '내가' 성경을 읽고 있습니다. 성경을 읽고 있는 주체는 바로 '나'입니다. 그러나 말씀을 읽으면 읽을수록 마음 속에 이상한 현상이 나타나기 시작합니다. 말씀이 말하고 있는 것이 바로 '나'라는 생각은 나의 정신을 온통 뒤집어 놓기 시작합니다. 이때, 마음이 격동하고 정신은 혼미해지기 시작합니다. 이때 성경을 읽는 것이 '나'라고 생각하십니까? 혹시 말씀이 '나'를 해석하고 있는 것은 아닙니까?

성경을 해석할 때, '내'가 성경을 해석하는 한, 하나님을 만날 수 없다고 봅니다. 내가 성경을 해석하는 것이 아니라, 말씀이 '나'를 해석해 줍니다. 내가 알지 못하는 '나'자신을

> 말씀 해석의 주체는 사람이 아니라 말씀 자체다!

---

06   앞의 책, 197쪽. 이때, 놀이함은 놀이됨이 된다. 놀이는 놀이하는 사람을 지배하게 된다.

더욱 알도록, 말씀이 인도해 줍니다. 이 사람만이 말씀을 말씀되게 읽고 있습니다. 놀이 참가자가 일정 시점이 되면 놀이하는 것이 아니라, 놀이에 지배당합니다. 그때 그 사람의 정신세계를 지배하는 것은 그 사람이 아니라 놀이이듯이, **말씀을 읽을 때 자신이 말씀을 해석하는 것이 아니라 말씀이 그 사람을 해석합니다.**

그러나 문제는 대부분의 사람들이 놀이를 하지 않는 데 있습니다. 놀이하지 않는다면 무엇을 하고 있을까요? 네, 구경꾼입니다. 그들은 놀이 속으로 들어가 본 적이 없고 오직 구경꾼으로만 남아 있습니다. 객관적으로 말씀을 연구하고 분석하는 수준에 머문 자들입니다. 놀이 참여자와 구경꾼이 같다고 생각합니까? 참여자는 놀이의 세계를 경험할 뿐만 아니라, 자신의 세계에서 벗어날 수도 있습니다. 구경꾼도 놀이를 구경하는 동안 즐거울 수는 있을 것입니다. 그러나 엄밀한 의미에서 구경꾼은 놀이의 세계를 경험할 수는 없습니다. 마찬가지로 말씀을 객관적인 분석 차원에서 읽는 사람은 말씀을 읽은 것이 아니고 구경꾼에 불과합니다. 그는 단 한 번도 놀이에 참여한 적이 없다는 것을 명심하시기 바랍니다.

그러므로 우리는 성경을 읽을 때, "그것은 나이다."라고 말하는 이 운동을 게을리하지 마시기 바랍니다. 우리가 자신에 대하여 생각하는 것과 "그것은 나이다"라고 말하는 것은 학자들이 말하듯이, 주관적인 것입니다. 성경을 연구하는 학자들은 아마도 그런 적용이 가장 헛된 것이고 의미 없다고까지 말할지도 모릅니다. 물론, 모든 전문가들이 다 그런 것은 아닙니다만, 신학교에서 하는 연구들이 대부분 객관적일 수밖에 없을 것입니다. 적용시키는 것은 자신의 몫이기 때문입니다. 그러나 주관적인 것이 공허한 것이며, 하나님의 말씀을 읽을 때 '이것은 나에 대한 것이다'라고 생각하고 읽는 것이 공허한 것이라고 말하는 신학자는 당장에 연구를 그만두고 차라리 새신자의 간증을 듣는 것이 나을 것입니다. 먼저 새신자를 찾아가 그를 구경하는 자라도 되십시오!

우리는 하나님의 말씀을 대면하는 일로 돌아가야 할 것입니다. 말씀을 객관적으로 읽어야 한다고 주장하는 사람들은 여전히 존재할 것입니다. 객관적으로 읽은 경우에만 말씀을 올바로 읽는 것입니까? 그러나 하나님의 말씀을 읽을 때, 말씀이 나에 대해 말하는 것이라는 생각 없이 읽을 수 있겠습니까? 여기에서 다시 '진지함'을 생각해 봅시다. 학문적 연구를 한다는 사람들의 진지함! 오, 진지함이여! 바로 이 진지함이 말씀을 비인격적이고 객관적인 어떤 것으로 바꾸고 있습니다. 앞으로는 그런 일들이 비일비재하게 될 것입니다. 당신은 교양 있는 사람입니까? 당신은 아는 것이 많아서 하나님의 말씀을 객관적인 것들로만 관련을 시키며 분석하고 있습니까? 그러나 아닙니다, 이것은 아닙니다! 하나님의 말씀을 읽을 때, 읽는 모든 곳에서 자신에게 계속적으로 말해야 합니다.

"말씀이 말하고 있는 것은 나이다. 나에 대해 말하고 있는 것이다."

이것이 진지함이며, 확실히 진지한 것이 되어야 합니다. 기독교 개혁 운동을 이끌어 왔던 사람들 중 단 한 사람도 거울에 비친 자신을 보아야 할 때, 무조건적인 조건이자 가장 결정적인 것으로 이것을 재차 권고하는 것을 잊지 않았습니다. 이제는 내가, 당신이, 이것을 해야 하는 것입니다. 성경을 읽는 동안, "성경이 말하는 것은 나이다, 나에 대한 것이다."라는 것을 끊임없이 자신에게 말해야 합니다.

이 시대에 말씀이 살아 역사하도록 우리는 이 말을 깊이 생각해야 합니다. 우리가 영적으로 고갈 상태에 있는 것은 물이 없어 주린 것이 아니요, 양식이 없어 주린 것도 아니요, 경제적으로 풍요하지 못해서 그런 것도 아닙니다. 우리 안에 말씀이 없는 기갈의 상태인 것입니다. 곳곳에 말씀이 넘쳐흐르지만, '나에게 역사하는' 말씀이 없기 때문입니다. 말씀을 비인격적이고 객관적인 것으로 만들지 마시고, 말씀과 인격적으로 대면하기를 축복합니다.

나눔 질문

1. 그동안 하나님의 말씀을 어떻게 다루어 왔는지 자신의 경험을 나누어 봅시다. 우리는 과연 하나님의 말씀을 읽는 사람이었습니까?

   _____

   _____

2. 말씀을 읽는 사람을 비유하여 생각해 볼 때, 놀이를 구경하는 사람과 놀이에 참여하는 사람의 궁극적인 차이에 대해 설명할 수 있습니까?

   _____

   _____

3. 성경은 "성령의 검 곧 하나님의 말씀을 가지라."(엡 6:17)고 말합니다. 또한, "하나님의 말씀은 살아 있고 활력이 있어 좌우에 날선 어떤 검보다도 예리하다."(히 4:12)고 말합니다. 이 검의 올바른 활용에 대해 이야기 나누어 봅시다.

_____

_____

_____

옛날에 '은장도'라는 칼이 있었습니다. 이 칼은 보통 남녀가 몸에 지니는 호신용 칼을 말합니다. 이 칼은 적을 공격하기 위해 사용되기도 하였으나, 중요한 점은 위험의 순간에 스스로를 죽이는 데 사용했다고 합니다. 즉, 자결하는 용도였습니다. 특히, 여인들이 은장도로 자결하는 모티브는 일제강점기 소설에 등장하기도 하였습니다. 비유적으로 본다면, 이런 은장도의 활용은 '말씀의 검'을 활용하는 것에 대해 시사하는 바가 커 보입니다.

02

나단 선지자와 다윗(삼하11:2-12:15)

"나단이 다윗에게 이르되, 당신이 그 사람이라."(삼하 12:7)

이제 올바른 진지함이 무엇인지 말씀을 통해 배워 봅시다. 학문적 진지함이 아닌, 말씀 앞에 온전히 설 수 있는 진지함이 있어야 합니다. 이런 진지함을 나누기 위해 하나의 예를 들어보고자 합니다. 나누고자 하는 예는 아주 잘 알려져 있는, 나단 선지자와 다윗의 이야기입니다. 다윗이 어떻게 죄를 짓게 되었나요? 다윗은 자신이 죄를 범했다는 사실을 어떻게 깨닫습니까?

[04]어느 날 저녁때였습니다. 다윗은 잠이 오지 않았나 봅니다.

---

04   이후의 구절은 다음을 참고하라. 쇠렌 키르케고르, 《자기 시험을 위하여》, 68-72쪽.

침대에서 일어나 왕궁의 옥상을 거닐고 있다가 한 여인이 목욕하는 것을 봅니다. 다윗은 사람을 보내어 누구인지 알아보라고 시킵니다. 다윗의 충신이었던 우리아의 아내 밧세바라는 것을 알았음에도 불구하고 그녀를 데려와 동침합니다. 다윗은 성적인 죄를 범했던 것입니다. 사건이 여기에서 끝나면 좋으련만, 밧세바가 임신하게 됩니다.

자신의 범죄를 덮기 위해 우리아에게 아내와의 동침을 권유했으나, 충신 우리아는 동료들이 고생하는데 혼자만 편히 집에서 먹고 마시다 잠들 수 없다며 아내에게 가지 않았습니다. 다윗은 걱정이 되었을 것입니다. 이대로 가면 자신의 범죄가 들통나게 되어 있습니다. 최대의 걸림돌은 밧세바 남편 우리아였습니다. 다윗이 밧세바를 보고 있노라면, 마치 그 남편이 훼방하는 자로 보였을 것입니다. 결국 밧세바의 남편만 제거하면 모든 것은 깔끔하게 정리되는 일입니다. 그리고 일은 벌어졌습니다. 그는 충신 우리아를 죽였습니다. 그것도 아주 교활하게 말입니다.

그는 요압에게, 전투 대열에서 우리아를 앞세우다 전투가 가장 치열할 때 우리아만 두고 몰래 퇴진하라고 명령합니다.

"너희가 우리아를 맹렬한 싸움에 앞세워 두고 너희는 뒤로 물러가서 저로 맞아 죽게 하라."(삼하11:15)

우리아는 자신의 왕에 의해서 살해당한 것이 아니라, '전사'한 것으로 위장되었습니다. 물론, 이 살인이 사주되었다는 것을 백성들은 아무도 몰랐습니다. 그것이 어떻게 일어났는지 확실히 알려져 있지는 않습니다. 그러나 어떤 책략이 있었음에는 틀림없습니다. 네, 우리아는 확실히 '전사'했습니다. 왕은 말합니다. "전쟁은 다 그런 식이야."

우리아 역시 자신이 죽게 된 것이 다윗의 책략이었다는 것을 몰랐을 것입니다. 무모하게도 요직을 떠맡았기 때문에 그것이 위험스럽게도 어떤 죽음을 만들었을 것이라 생각했을 것입니다.

제가 말하고자 하는 것은 이렇습니다. 다윗이 죽이기 원했던 사람이 거기에 있었다면, 또한 다윗이 그런 것들을 통제하고 있었다면, 죽음을 초래할 만한 직책을 우리아에게 맡기는 것보다 더 좋은 방법은 결코 없었을 것입니다. 자, 이제는 우리아가 다윗에게 더 이상 장애물이 아닙니다. 우리아는 전쟁에서 죽었습니다. 모든 것은 너무 쉽게 마무리되었습니다. 모든 것이 다윗의 계획대로 척척 진행된 것입니다. 우리아의 아내를 다윗이 소유하는 데 어떤 문제가 될 만한 사안은 이제 아무것도 없습니다.

다윗을 방해할 어떤 것이 아직도 남아 있다고 생각합니까? 천만에! 오히려 그 반대입니다. **왕의 나라를 지키기 위해 장렬히 싸우다**

죽은 장군의 과부를 왕이 책임져 주려 결혼한 것이, 왕의 부대의 사기를 진작시키며 또한 진정한 너그러움을 베푼 가장 고귀한 행동이 아닙니까? 아마도 온 백성이 왕에게 감동을 받았고, 왕은 지금까지 그가 받아온 어떤 것보다 더 많은 존경과 찬사를 백성들로부터 받았을 것입니다.

그러던 어느 날, 한 선지자가 다윗 왕을 찾아왔습니다. 이 상황에 우리가 조금 더 가까이 가기 위해 이야기를 각색해 보겠습니다. 한 사람은 왕이었습니다. 그 나라에서 가장 높은 계급의 사람이었습니다. 다른 한 사람은 선지자였고, 그 나라에서 존경받는 사람이었습니다. 물론, 둘 다 교양 있는 사람이었고, 두 사람의 관계와 그들 사이의 대화가 완전무결한 교양을 담고 있었다고 확신할 수 있을 것입니다. 게다가 둘 다 작가였고, 특별히 그 중 한 사람은 역사상 가장 유명한 시인 다윗 왕입니다. 그가 얼마나 많은 시를 남겼는지 당신도 알 것입니다. 시의 갈래와 주제, 시에 대한 해설 그리고 시의 어조와 표현법, 더불어 시가 주는 유익과 혹은 문제점 등에 대하여, 시에 대한 완벽한 전문가이면서 또한 비평가였을 것입니다.

그런 왕 앞에서 시를 낭송할 수 있다는 것은 대단한 영광일 것입니다. 그리고 참 다행이었습니다. 시인이자 시 전문가인 왕을 위한 시 한 편을, 나단 선지자가 써 왔기 때문입니다. 산문시였습니다. 항상 시인이었던 다윗, 그는 이스라엘 역사에서 유일한, 왕관을 쓴 시인이었습니다. 왕 앞에서 선지자는 다음과 같은 시를 낭송했습니다.

"어떤 성읍에 두 사람이 살았습니다. 한 사람은 부유하였고, 한 사람은 가난했습니다. 부자에게는 양과 소가 아주 많았습니다. 그러나 가난한 사람에게는 사서 키우는 어린 암양 한 마리밖에는 아무것도 없었습니다. 그는 이 어린 양을 자기 집에서 길렀습니다. 그래서 그 어린 양은 그의 아이들과 함께 자랐습니다. 어린 양은 주인이 먹는 음식을 함께 먹고, 주인의 잔에 있는 것을 함께 마시고, 주인의 품에 안겨서 함께 잤습니다. 이렇게 그 양은 주인의 딸과 같았습니다. 어느 날 부자에게 나그네 한 사람이 찾아왔습니다. 부자는 자기를 찾아온 손님을 위해, 자기의 양떼나 소떼에서는 한 마리도 잡기가 아까웠습니다. 그래서 부자는 가난한 사람의 어린 암양을 빼앗아다가, 자기를 찾아온 사람에게 대접하였습니다."(삼하12:1-4)

다윗이 이 시를 신중하게 들었고, 이 시에 어떤 비평을 했을지 상상해 봅니다. 물론, 그 자신의 인격(주관성)을 침해하지 않으면서, 비인격적으로(객관적으로) 이 매력적인 사건을 평가했을 것입니다. 그가 생각하기에 평가해야 할 세부적인 것들이 있었을 것입니다.

자신이야말로 전문가였기 때문입니다. 다윗은 그 시와 더 잘 어울릴 만한 문구를 제안했을 것이며, 구조상의 작은 실수를 지적했을 수도 있습니다. "이 시는 산문시다. 이 시의 운율은 이렇다. 작가의 관점은 이것이다."와 같은 것들입니다. 또한 선지자의 스토리텔링, 목소리, 억양, 몸짓 등의 탁월한 발표를 칭찬했을 것입니다. 요약하자면, 오늘날 교양 있는 사람들이 교양 있는 사람들을 위한 설교를 비평하듯 그렇게 자신의 의견을 표현했을 것입니다. 즉, 설교 자체를 객관적으로 비평한 것입니다. 당신도 이처럼, 설교를 객관적 관점에서 평가하고 있지는 않습니까? 다윗은 이런 평가에 다음의 내용을 덧붙였을 것입니다. 그는 몹시 분개하여 말했습니다.

> "주님께서 살아 계심을 두고 맹세하노니, 그 일을 행한 사람은 죽어 마땅하다. 또 그가 그런 일을 하면서도 불쌍히 여기는 마음이 전혀 없었으니, 그 어린 양을 네 배로 갚아 주어야 한다."(삼하12:5-6)

그때, 선지자는 그에게 말합니다. **"당신이 그 사람이라."**

자, 이제 우리가 나누고자 하는 지점까지 왔습니다. 보십시오. 선지자가 말한 것은 어떤 이야기일 뿐입니다. 그러나 "당신이 그 사람이라."하는 것은 또 다른 이야기입니다. 이것은 주관적인 것으로의 이동입니다. 그러나 결혼한 여자의 남편을 죽게 한 것이 얼마나 혐오스러운 일인지, 다윗 자신도 의식하고 있었을 것을 믿지 않습니까? 위대한 시인인 다윗이 이것을 쉽게 묘사할 수 있었을 것이라고 믿지 않습니까? 아주 우아하게, 그러나 충격적으로 묘사할 수도 있었을 것입니다. 그때, 또한 다윗이 범죄하였으며, 그 자신도 이미 잘 깨닫고 있었다는 것을 믿지 않습니까? 다윗이 그 일을 잊었을까요? 아니면 애초에 범죄라는 사실조차 인지하지 못했던 것일까요? **그러나 아직도, 아직도, 밖에서 찾아온 누군가가 다윗에게 필요했고, 그 누군가가 말합니다. "바로 당신이다!"**

> 말씀과
> 비인격적으로
> 관계할 때,
> 아무런 두려움
> 없이 말씀을 읽을
> 수 있다.

당신은 이 이야기를 통해 비인격적인 것(객관적인 것)이 얼마나 '도움이 되지 않는지를' 보고 있습니다. 심지어는, 그렇게도 경건했고 하나님을 두려워했던 다윗이었음에도 깨닫지 못했습니다. 교리, 이야기, 학문적 연구 등의 객관적인 모든 것들 때문입니다. 주로 신학교에서 취급하는 것들이지요. 그러나 하나님을 경외하는 마음과 경건성은 확실히 인격적 형태이며, 주관적입니다. 제 말에 동의할 수 있습니까? 끔찍한 범죄와 연관되어 있을 때도, 너무나도 충분히 객관적인 나머지, 우리아를 죽게 할 때도, 심지어는 밧세바와 결혼할 때도, 다윗에게 일말의 양심의 가책도 없었습니다.

오히려 그의 이성은 너무나 탁월해서 세상의 모든 사람들을 속일 수 있을 만큼 똑똑했습니다. 그의 똑똑한 이성은 범죄에 더 잘 봉사하고 있었습니다. 그 일이 일어난 후에도 그는 너무나 탁월한 비인격성(객관성)을 유지하고 있기에, 아무 일도 없었던 것처럼 그렇게 살아갈 수 있었습니다. 그랬던 그였기에 선지자의 이야기도 어떤 내적인 동요나 갈등 없이 잘 '들을' 수 있었습니다. 그러나 선지자가 그 시대의 문화와 학문적 진지함 같은 것으로 우리 시대에 극찬되어 있는 객관성과 비인격성에 지치고 지쳐서, 그의 권위를 사용하여 그에게 말합니다.

"당신이 그 사람이라."

이 말이 나올 때까지 다윗 왕에게는 어떤 일도 일어나지 않았습니다. 어떠한 일도! 그러나 "당신이 그 사람이라."는 소리를 듣고 나서, 다윗은 선지자의 이야기를 자신에게 적용시키기 시작합니다. 이것은 나이다! 나이다! 나에게 한 말씀이다! 다윗에게 어떤 일이 벌어졌습니까? 다윗이 자신의 죄를 몰랐던 것이 아닙니다. 그는 자신이 지은 죄를 알았습니다. 그렇지만 그에게 죄에 대한 어떤 진지함도 없었습니다. 그러나 선지자의 입에서 나온 말을 자신에게 적용시켰을 때, 그는 죄에 대하여 진지해지기 시작합니다.

학문적 진지함에서 말씀을 대면하는 진지함으로 이동합니다. 그의 모든 삶이 이 말씀 앞에 흔들리기 시작합니다. 그가 구성하고 만들어 놓은 세계에 지진이 일어나기 시작합니다. 바로 이것이 말씀을 대면하는 사람의 특징입니다. 그는 나중에 이 사건에 대한 고통, 죄에 대한 진지한 사색을 시로 썼습니다. 시편 32편입니다.

> 허물의 사함을 얻고 그 죄의 가리움을 받은 자는 복이 있도다. 마음에 간사가 없고 여호와께 정죄를 당치 않은 자는 복이 있도다.
> 내가 토설치 아니할 때에 종일 신음하므로 내 뼈가 쇠하였도다. 주의 손이 주야로 나를 누르시오니 내 진액이 화하여 여름 가물에 마름 같이 되었나이다(셀라)
> 내가 이르기를 내 허물을 여호와께 자복하리라 하고 주께 내 죄를 아뢰고 내 죄악을 숨기지 아니하였더니 곧 주께서 내 죄악을 사하셨나이다(셀라)
> 이로 인하여 무릇 경건한 자는 주를 만날 기회를 타서 주께 기도할찌라. 진실로 홍수가 범람할찌라도 저에게 미치지

못하리이다. 주는 나의 은신처이오니 환난에서 나를 보호하시고 구원의 노래로 나를 에우시리이다(셀라)

내가 너의 갈 길을 가르쳐 보이고 너를 주목하여 훈계하리로다. 너희는 무지한 말이나 노새 같이 되지 말찌어다. 그것들은 재갈과 굴레로 단속하지 아니하면 너희에게 가까이 오지 아니하리로다. 악인에게는 많은 슬픔이 있으나 여호와를 신뢰하는 자에게는 인자하심이 두르리로다. 너희 의인들아 여호와를 기뻐하며 즐거워 할찌어다. 마음이 정직한 너희들아 다 즐거이 외칠찌어다.

당신은 지금, 한국의 기독교에 세상 문화가 깃들어 있는 이 때, 그 교활함의 깊이가 어떠한지 보고 있지는 않습니까? 학문적인 연구, 말씀에 대한 객관적인 지식들, 또한 그것에 대한 자랑. 그리고 그런 것들을 가지고 있는 사람이 기독교를 가장 잘 설명해 주는 사람들이 되고 있습니다. 즉 기독교가, 학문적 지식이 풍부한 자들에 의해 대변되고 있다는 말씀입니다.

이 세상 문화는 부인할 수 없는 사실들을 인용하면서, '나'와 나의 인격은 공허한 것이며 항상 이기적인 것으로 주장하고 있습니다. 그리고 기독교는 세상 문화와 결혼했습니다. 하나님 말씀의 진지함을 세상의 공허한 것으로 바꾸어 놓았습니다. **말씀과 대면해야 하는 진지함과 진지함의 분투로부터 자신을 제외시켰습니다.** 세상 사람들처럼 더욱 객관적인 것들에 머물면서 교양 있는 사람이 되었습니다. 자, 보십시오! 교양 속에서 진지하게 된 사람들을! 그들은 성경 연구에 몰두합니다. 그것 때문에 명성을 보장받고 있습니다.

오, 이 교활함의 깊이여! 우리는 말씀을, 우리가 들어야 할 하나님의 음성이 아닌 비인격적이고 객관적인, '교리'로 바꾸고 있습니다. 우리 믿음의 선조들은 하나님의 말씀을 두렵고 떨림 가운데 들었습니다. 그런데 지금은 말씀이 상당히 객관적으로 들립니다. 사람들은 말씀을 비인격적이고 객관적인 것과 관련시킵니다. 교양 있고 대중적인 세상 문화의 정점과, 학문적 연구의 선두에서, 사람들은 반항적이게도, 이것이 진지함이며 문화라고 주장합니다.

아마도 독자 중에 저의 이런 주장을 부정하는 사람도 있을 것입니다. 그러나 성급하게 저를 판단하는 대신, 진지하게 말씀을 대하는 사람들이 한국교회 안에 얼마나 있을까 한번만 생각해 보시길 바랍니다. 한국 교회 안에 많이 배우고 소위 교양 있다는 사람들이 얼마나 많이 있는지 모릅니다. 그들은 말씀을 객관적으로만 파악하기 좋아합니다. 학문적 지식을 기반으로 토론하기도 좋아합니다. 꽤 교양 있어 보입니다.

하지만 그 사람들은, 동정심은 있으나 말씀을 인격적인(주관적인)

것으로 연결시키려는 가련한 자들을 구석으로 몰아넣습니다! 말씀을 주관적으로 대하기에 눈물, 콧물 흘려 울기도 하며, 이 교양 있다 하는 사람들에 비해 가련하고 불쌍해 보입니다. 교양 있는 사람들이 보기에도 마음이 불편합니다.

오, 이 교활함의 깊이여! 하나님의 말씀과 관련된 이 비인격성(객관성)은 우리 인간이 빠져들어 가기 너무나 쉽습니다. 객관적으로 사고하는 능력은 인간의 강점이 될 수도, 약점이 될 수도 있습니다. 이것은 실제로 인류의 인지적 재능이며, 원죄로 인해 인간이 공짜로 획득한 것입니다. **존경받는 비인격성(객관성)은 다만 양심 부족 그 이상 그 이하도 아닙니다.** 다윗을 생각해 보십시오. 다윗이 선지자의 말을 객관적으로 대할 때는 죄에 대해 진지하게 성찰할 수 없었습니다.

그렇다고 해서 비인격성(객관성)이 범죄 행위를 하도록 자신을 나타내지 않습니다. 오히려 객관정신은 어느 정도 적당함(moderation)을 드러냅니다. 그리고 객관정신은 우리의 취미와 문화를 나타내기도 합니다. 객관정신은 우리 삶을 편리하게도 합니다. 제가 지금까지 부정적으로 평가한

> 객관정신은
> 인간의 양심을
> 무디게 하는
> 도구다.

객관정신이야말로 실은 인류문명의 발전에 크게 기여했던 정신입니다.

그럼에도 불구하고 객관정신은 인간의 양심을 무디게 하는 도구로 나타날 수 있다는 것을 명심하십시오.

이제 이 단원의 결론을 내릴 때가 된 것 같습니다. 당신이 거울 속의 자신을 보기 위해 하나님의 말씀을 읽어야 한다면, 그때 읽는 동안에 당신은 자신에게 끊임없이 말해야 합니다.

"말씀이 말하고 있는 것은 '나'이다, 나에 대한 것이다."

나눔질문

1. 다윗처럼 우리가 하나님 앞에서 범죄임을 알면서도 여전히
    벗어나지 못하고 있는 것이 있는지 우리 자신을 돌아봅시다.
    고백하기 어렵다면, 말하지 않아도 됩니다. 하지만 하나님
    앞에 고백하는 일은 잊지 맙시다. 이 길만이 우리가 살 길이기
    때문입니다.

    _____

    _____

    _____

2. 우리는 하나님의 말씀을 자신에게 적용하는 일에 얼마나
    진지했습니까? 오히려, 다른 사람을 비판하는 데 더 분주하지
    않았습니까? 말씀을 자신에게 적용하는 일에 소홀했다면, 이유가

무엇입니까?

_____

_____

_____

3. 다윗이 죄를 범했을 때, 범죄임을 몰랐을까요? 알고도 죄를
   범한 것이라면, 그러고도 그의 좋은 머리로 죄를 더 잘 짓는데
   사용했다면, 우리에게 더욱 필요한 것은 무엇입니까?

_____

_____

_____

03

선한 사마리아인(눅10:25-37)

"네 생각에는 누가 강도 만난 자의 이웃이 되겠느냐? 이르되 자비를 베푼 자니이다.
예수께서 이르시되, 가서 너도 이와 같이 하라 하시니라."(눅 10:36-37)

⁰⁵한 예를 더 들어봅시다. 이 이야기는 율법사가 예수님을 시험할 때 예수께서 말씀하신 것입니다. 어떤 사람이 예루살렘에서 여리고로 내려가다 강도를 만났습니다. 강도들은 그의 옷을 벗기고 때려 거의 죽은 것을 버리고 갔습니다. 마침 한 제사장이 그 길로 내려가다 그를 보고 피하여 지나갔고 또 이와 같이, 한 레위인도 그 곳에 이르러 그를 보고 피하여 지나갔습니다. 그러나 어떤 사마리아 사람은 여행을 하는 중에 거기에 이르러 그를 보고 불쌍히 여겨 가까이 가서 기름과

---

05   이후의 구절은 다음을 참고하라. 쇠렌 키르케고르,《자기 시험을 위하여》, 73-77쪽.

포도주를 그 상처에 붓고 싸매고 자기 짐승에 태워 주막으로 데리고 가서 돌보아 주었습니다. 다음날 그가 주막 주인에게 데나리온 둘을 내어 주며 말합니다.

> "이 사람을 돌보아 주십시오. 비용이 더 들면 내가 돌아올 때 갚겠습니다."(눅 10:35)

예수님이 말씀하신 이야기는 여기에서 끝납니다. 그리고 예수님은 율법사에게 물어봅니다.

> "네 생각에는 이 세 사람 중에 누가 강도 만난 자의 이웃이 되겠느냐?"(눅 10:36)

그때 율법사는 자비를 베푼 자라고 말했고 예수님은 너도 가서 이와 같이 하라고 말씀하셨습니다. 당신은 이 구절을 읽을 때, 어떤 방식으로 적용하기 원합니까? 이제, 당신이 "한 제사장이 그 길을 내려가다 그를 보았을 때 피하여 지나갔다."는 구절을 읽을 때, 당신은 자신에게 말하면 됩니다.

"이것은 나이다."

트집을 잡아서는 안 되며, 재치 있게 농담하는 것은 더욱 더 안 됩니다. 세속적인 세계에서의 재치는, 심지어 가장 비도덕적인 악행을 보상해 줄 수도 있습니다. 탈춤을 생각해 보십시오. 조선시대 서민들은 탈춤이라는 방식을 통해 재치 있게 정치를 풍자하면서, 억압된 상황과 감정을 분출하며 서로 위로하는 계기를 삼았습니다. 그러나 하나님의 말씀을 대면할 때 그렇게 해서는 안 됩니다. 또한, 당신은 다음과 같이 말하지도 말아야 합니다.

"그 사람은 내가 아닙니다. 그는 제사장이었습니다. 그러나 나는 제사장이 아닙니다. 나는 복음이 제사장이라고 주장하는 것에 대해서는 존경할 만한 것이라는 것을 잘 압니다. 하지만 그는 최악의 제사장이었습니다."

아닙니다! 아닙니다! 당신은 절대로 이런 방식으로 말씀을 대면해서는 안 됩니다. **당신이 하나님의 말씀을 읽을 때는 진지해져야 합니다!** 그리고 당신은 자신에게 말해야 합니다.

"이 제사장은 나 자신이다. 아, 크리스천인 내가 그렇게 냉담할 수 있다니! 나는 정말로 똑같은 제사장일 뿐이다."

우리 자신은 일반적으로 이 제사장과 다르다고 생각합니다. 지금 이 말씀 속의 제사장으로부터 벗어나려 시도합니다. 아마도 그것은 우리가 통상적으로 해 왔던 일이기도 합니다. 그렇게 우리는 말씀을 자신에게 적용시키지 않고 다른 사람에게 적용시켜 왔던 것입니다. 그러나 기독교 관점에서 우리는 모두 왕 같은 제사장입니다. 사도 베드로는 다음과 같이 말합니다.

> "오직 너희는 택하신 족속이요, 왕 같은 제사장들이요 거룩한 나라요 그의 소유된 백성이니 이는 너희를 어두운 데서 불러 내어 그의 기이한 빛에 들어가게 하신 이의 아름다운 덕을 선포하게 하려 하심이라."(벧전 2:9)

예수 그리스도의 십자가 보혈로 우리는 다 왕 같은 제사장이 되었습니다. 당신은 이것을 믿습니까? 당신은 제사장으로서의 역할을 감당했습니까?

"아, 내가 그렇게 냉담할 수 있다니!"

제사장은 그 사람을 보고 피하여 지나갔습니다! 당신은 왕 같은 제사장입니다! 이 제사장이 냉담하게도, 죽어가는 사람을 피하여 가는 것을 상상해 보십시오. 그의 냉담함과 무자비함이란! 우리도 똑같이,

똑같이 아무런 감동도 긍휼함도 없이 이 말씀을 보고 있습니다.

"이 말씀이 말하는 것은 내가 아니다!"

이제 당신은 똑같은 방식으로 "레위인도 그곳에 이르러 그를 보고 피하여 지나갔다."는 말씀을 읽고 있습니다. 그때, 당신은 말해야 합니다.

"이것은 나이다! 이것은 나이다! 이미 한 번 나에게 사건이 발생했는데도, 내가 그토록 마음이 무뎌져 같은 일을 두 번씩이나 발생시키다니! 내가 더 좋은 사람이 될 수 없다니!"

당신은 다른 사람을 비판할 것이 아니라, 이렇게 자신에게 적용시켜야 합니다. 이번에는 복음의 이야기를 조금 각색해서 말씀드리고자 합니다. 어떤 거짓 실천가가 같은 길을 따라 내려 왔습니다. 그가 근처에 왔을 때, 속으로 말합니다.

"이것이 무엇인가? 여기에 거반 죽은 사람이 있군. 나는 길을 내려가지 않은 편이 낫겠어. 가만있자, 형사사건일 수도 있으니 경찰이 나를 가해자로 체포할 수도 있지. 세상에는 이렇게 억울하게 누명을 쓰는 일이 많지. 어서 다른 길로 가자!"

그때, 당신은 자신에게 말해야 합니다.

"그것은 나이다. 내가 그렇게 야비하게 약삭빠를 수 있다니!"

그 후 실천가는 자신의 약삭빠름에 대해 매우 만족합니다. 그리고 그것을 지인에게 말할 수도 있습니다. 매우 영특하고 현실적인 생각을 했다며 지인이 칭찬한 것에 대해 기뻐할 수 있습니다. 그때, 당신은 자신에게 말해야 합니다.

"그것은 나이다. 내가 그렇게 약삭빠를 뿐 아니라, 칭찬과 명예에 목마른 사람이었다."

그리고 거기에 아무 생각도 하지 않으면서 동시에 깊은 생각을 가진 어떤 사람이 같은 길을 가고 있었습니다. 그는 자신만의 생각에 푹 잠겨 있었습니다. 무슨 생각을 하며 길을 걸었는지 모르겠습니다. 어쨌든, 그는 자신의 생각에 빠져 아무것도 본 것이 없었고 그냥 지나쳤습니다. 그때, 당신은 자신에게 말해야 합니다.

"그것은 나였다. 얼마나 바보 같은가! 내가 그런 식으로 바보처럼 걸어갈 수 있다니! 나는 거반 죽어가고 있는 사람이 거기에 누워 있는 것을 보지도 못했다. 나는 바보, 얼간이다."

이것은 엄청난 보물이 길에 놓여 있었지만 당신이 그것을 보지 못했을 때 말하는 방식입니다. 마치 이처럼, 우리는 위대한 생명을 살릴 기회를 놓칠 수 있습니다. 우리는 정말로 하나님 앞에서 바보입니다. 우리가 어떤 생각에 사로잡힌 나머지 엄청난 보물이 땅에 떨어진 것을 보지 못했을 때 가슴을 치며 후회하듯이, 우리가 이 구절을 읽을 때 가슴을 치며 "이것은 나이다! 내가 그렇게 바보 같을 수 있다니! 어떻게 못보고 그냥 지나칠 수 있었는가!"라고 이 말씀을 적용할

> "이것이 나이다!"
> 이 고백은
> 마치 땅에 떨어진
> 보물을
> 보지 못했을 때
> 가슴을 치며
> 후회하는 것과
> 같이 되어야 한다.

수 있다면 얼마나 좋겠습니까? 그 마음들이 이 세상을 얼마나 아름답게 물들일까요? 하나님의 나라가 이 땅 가운데 얼마나 많이 이뤄질까요?

이번에는 "그러나 여행 중이던 어떤 사마리아인이 그에게 다가왔다."라는 구절을 당신이 읽고 있습니다. 당신은 "이것은 나이다."라고 끊임없이 말하는 것에 지치지 않도록, 이번에는 달리, 당신은 다음과 같이 말할 수 있어야 합니다.

"그것은 내가 아니었다. 아, 아니, 나는 그와 같지 않다!"

왜냐하면 예수님의 말씀은 확실히 이와 같지 않은 사람들에게 한 말씀이기 때문입니다. 예수님의 의도를 생각해 보면, 우리는 이 사실을 금방 알게 될 것입니다. 질문을 던지고 있는 율법사, 그는 이 사마리아인과 같지 않았습니다. 그리고 이 말씀을 읽고 있는 사람들 역시 이 사마리아인처럼 되는 것이 과제라 볼 수 있을 것입니다. 그때, 비유는 끝이 나고 주님께서 바리새인에게 말씀하십니다.

"가서 너도 이와 같이 하라!"

당신은 자신에게 말해야 합니다.
"이것이 말씀하고 있는 것은 나이다."

믿음 안에서 이해할 때, 재치가 어떤 것도 보충해 주지 못하며 단지 심판만을 날카롭게 해줄 뿐입니다. 당신은 말씀을 대할 때 더욱 진지해져야 합니다. 그리고 당신은 다음과 같이 말하지 말아야 합니다!
"내가 당신에게 보증할 수 있습니다. 나는 결코 강도들에게 공격당한 채 거반 죽은 사람이 누워 있었던 그 길을 따라 걸어 간 적이 없습니다. 내 삶에서 그런 일은 일어나지 않았습니다. 일반적으로 말해서,

강도들은 우리에게 희귀한 존재죠. 요즘 세상에 누가 홀로 그런 위험한 길을 다닙니까? 그런 산적은 존재하지도 않습니다."

아닙니다! 아닙니다! 당신은 그렇게 말하지 말아야 합니다! 당신은 다음과 같이 말해야 합니다.

"가서 그와 같이 하라는 말씀은 나에게 하신 말씀이다."

당신은 말씀을 잘 이해할 수 있을 것입니다. 길에서 강도들에게 공격당했던 사람을 당신이 결코 만난 적이 없더라도, 제가 경험한 것처럼 당신이 가는 길에서도 충분히 비참한 사람들이 있습니다. 과거에 비해 더 비참한 사람들이, 우리의 가까운 곳에 수두룩합니다. 심지어는 사람들이 가장 많이 오가는 지하철역에서, 옆에서 사람이 죽어가도 아무도 돌아보지 않고 그냥 지나갑니다. 심지어는 지하철역보다 더 가까운 곳에서 이런 끔찍한 사건이 벌어질 수도 있습니다. 바로 교회입니다. 우리는 교회 안에서 이와 같은 끔찍한 사건을 경험합니다. 성경 속 비슷한 예를 하나 들어 보도록 하겠습니다. 이것이 현실일 수 있습니다.

오늘날 우리 사회에서 많은 사건 사고들로 인해 죽어가는 사람들이 있습니다. 뉴스를 통해 많이 접하게 됩니다. 그러나 제가 지금 말씀드리고자 하는 것은 이보다 더 끔찍하다고 생각합니다. 교회 안이나 혹은 기독교 공동체 안에서 벌어지는 영적인 폭력입니다. 비방과 중상모략으로 공격당했고, 벌거벗겨지고 거반 죽은 채 남겨진 사람들을 오늘날 교회 안에서 보게 됩니다.

이것은 뉴스에 나오기도 어렵습니다. 사랑으로 포장되어 있기도 합니다. 그러나 이런 영적인 폭력은 더더욱 감당할 수가 없습니다. 이렇게 죽어가는 사람을 만난 적이 없습니까? 그 길을 따라간 적도 없습니까? 여기에서 다루고자 하는 것은 비방과 중상모략 때문에 영적으로 죽어가고 있는 사람입니다.

어떤 제사장이 그 길을 따라 걸어갔습니다. 피해 갔습니다. 중상모략과 비방으로 인해 거의 죽을 지경에 있던 사람을 피해, 제사장은 계속 갔습니다. 마음의 상처로 인해 거반 죽은 자에 대해 무관심했습니다. 그러나 그때 당신은 자신에게 말해야 합니다. "이 제사장은 나였다."

맞습니다. 당신이 목사나 직분자이었을 수도 있습니다. 혹은 평신도일 수도 있습니다. 그럼에도 불구하고 자신에게 말해야 합니다.

"이 제사장은 나였다."

어떤 레위 사람이 같은 길을 걸어갔습니다. 그도 피해 갔습니다. 그는 계속 갔고 그 소식을 가지고 갔습니다. 그 소식을 다른 사람에게 전달하는 전달자가 되었습니다. 그는 말했습니다.

"내 주변에서 이런 일이 벌어지다니 참 안타까운 일이야! 사람을 저렇게 비방할 수 있다니!"

그때, 당신은 자신에게 말해야 합니다. 이 레위인은 나였다고. 그리고 한 시민 역시 그 길을 갔습니다. 또한 이야기를 들었고 그 이야기를 가지고 가며 말했습니다.

"내가 지금 말하고 있는 대로, 그 사람에 대하여 많은 사람들이 이러쿵저러쿵 하다니, 정말로 부끄러운 일이군!"

그 시민 역시 비방의 이야기에 동참했습니다. 그때, 당신은 자신에게 말해야 합니다. 그 시민은 바로 나였다고. "그것은 나였습니다."

아! 결국 이 이야기는 복음의 이야기보다 더 악한 것입니다! 왜냐하면 제사장도 레위인도 사람을 거반 죽도록 때리지는 않았습니다. 제사장도 레위인도 사람을 때리는 데에는 동참하지 않았지만, 이런 저런 이야기로 비방과 중상모략의 이야기를 전달한 사람, **여기 그들은 강도들의 공범입니다!**

오늘날 영적 폭력에 의해 거반 죽은 사람은,
성서의 이야기보다 더 끔찍하다.
우리 모두가 이 사건의 공범이기 때문이다.

나눔질문

1. 우리는 가끔 '정의'라는 이름으로 다른 사람을 비난할 때가 많습니다. 교회뿐 아니라, 특히 정치적인 문제는 교회가 앞장서서 비판을 쏟아낼 때가 있음을 봅니다. 크리스천이 세속적인 문제나 교회 문제에 대해 비판하는 일에 앞장서는 것에 대해 어떻게 생각하십니까?

   _____

2. 우리는 말씀을 토대로 누군가를 비판할 수 있습니다. 이런 건설적인 비판이 그 사람을 변화시킬 수 있을까요? 아니면, 누가 적이고 누가 아군인지를 명확히 확인시켜주는 일일까요? 더 나쁘게, 이것은 영적 폭력 아닙니까?

   _____

3. 교회의 지도자가 말씀 앞에서 스스로를 돌아보도록 하기 위해 무엇을 할 수 있을까요? 더 정확하게, 교회에서 갈등이 일어났을 때, 어떻게 하면 효과적으로 갈등에 대처할 수 있습니까?

인간은 연약합니다. 심지어 누군가를 변화시키는 것조차 쉽지 않습니다. 특히, 영적인 문제에 관한 한 누군가에게 잘못을 지적한다고 해서 그를 하나님의 말씀 앞에 서는 곳까지 안내할 수 없습니다. 교회의 리더가 갈등의 재판관으로 등장하는 순간, 오히려 갈등에 기름을 붓는 듯한 현상을 목격하는 경우도 종종 일어납니다. 아마도 갈등의 당사자 모두가 서로 말씀 앞에 서서 진지하게 자신을 성찰했다면, 갈등의 문제가 쉽게 해결될 수 있는 일인지도 모릅니다. 이런 점에서 본다면, 교회의 리더는 아무리 성서에 근거한다 하더라도, 어떤 사건이나 갈등의 판단조차 조심해야 할 것처럼 보입니다.

4. 인터넷 댓글로 인해 당사자가 자살했다는 뉴스를 가끔 목격합니다. 죽은 사람은 있는데, 죽인 사람은 없습니다. 아무도 죄책감에 시달리지도 않습니다. 이런 현상을 어떻게 설명할 수 있습니까?

_____

_____

_____

　　아마 대부분의 사람들은 인터넷에 댓글 하나 쓴 것이 어떻게 폭력일 수 있느냐고 반문할 수 있을 것입니다. 하지만 이 문제는 그렇게 단순하지 않습니다. 예수 그리스도의 십자가 사건도 비슷한 상황에서 발생했습니다. 인터넷만 사용하지 않았을 뿐입니다. 수많은 군중이 폭력에 참여했습니다. 하지만 누구도 그리스도를 십자가에 못 박은 적은 없다는 것입니다. 우리 역시 마찬가지입니다. 그분을 십자가에 못 박은 것은 '그 시대'의 잘못이라 생각하지 '내가' 그분을 죽인 것이 아니라고 말합니다. 그런데 과연 그럴까요?

04

니고데모(요3:1-15)

"그런데 바리새인 중에 니고데모라 하는 사람이 있으니 유대인의 지도자라. 그가 밤에 예수께 와서 이르되, 랍비여 우리가 당신은 하나님께로부터 오신 선생인 줄 아나이다."(요 3:1-2)

[04]당신은 지금 산헤드린 회원이자 지도자였던 니고데모 이야기를 읽고 있습니다. 그는 밤에 예수님을 찾아왔습니다. 당신은 관심을 다른 데로 돌리면 안 됩니다. 심지어 "그가 그 시간을 선택한 것은 참 이상하다."라는 합리적인 언급조차 하지 말아야 합니다. 바리새인 중에서도 지도자인 그가 왜 그렇게 밤 시간을 택했는지 충분히 이해할 수 있기 때문입니다.

이 이야기를 전혀 알지 못하는 분들이 있을 것입니다. 죄송합니다.

04　이후의 구절은 다음을 참고하라. 쇠렌 키르케고르,《자기 시험을 위하여》, 78-81쪽.

독자가 성경 말씀을 이미 알고 있다 가정하고 이에 대해 이야기를 나누기 때문입니다. 이 내용을 몰랐더라도 그가 왜 하필 밤에 예수님을 찾아갔는지에 대해 너무 집중하지 않기 바랍니다. 그는 유대인의 지도자였습니다. 바리새인과 예수님은 좋은 관계가 아니었습니다. 대낮에 예수님을 찾아가는 것이 사회적으로 문제를 야기할 수도 있었을 것입니다. 어쨌든, 오늘 우리가 이 이야기를 나누는 목적은 이것이 아닙니다. 하나님의 말씀을 읽기 위해 사소한 것으로 트집 잡아서는 안 됩니다.

사람이 비밀스럽게 어떤 일을 하기 원한다면, 빛이신 그에게 나아올 때 밤을 선택한들 그것이 무슨 소용이 있습니까? 중요한 것은 그것이 아닙니다. 그러니 관심을 다른 데로 돌리지 말라는 것입니다. 시편에서는 다음과 같이 말하고 있습니다.

> "내가 혹시 말하기를 흑암이 정녕 나를 덮고 나를 두른 빛은 밤이 되리라 할찌라도 주에게서는 흑암이 숨기지 못하며 밤이 낮과 같이 비취나니 주에게는 흑암과 빛이 일반이니이다."(시139:11-12)

오, 절대로 안 됩니다! 당신은 이런 식으로도 말하지 말아야 합니다.

왜냐하면 당신은 그가 왜 밤을 택했는지 너무 잘 이해하고 있기 때문입니다. 모르는 분들에게도 이미 제가 다 말씀드렸습니다. 사소한 것에 매달리지 맙시다. "내가 곧 길이요."(요14:6)라고 말씀하셨던 주님이 같은 시대에 길이었을지라도 니고데모에게는 금지된 길이었습니다. 니고데모는 유대인의 지도자였기 때문입니다. 아니, 니고데모는 그 길을 갈 수 없었습니다. 주님이 다시 돌아오셨대도 그에게는 금지된 길이었을 것입니다.

지금 당신이 이 대목을 읽고 있습니다. 예수님께서 강한 인상을 남겨 놓았던 니고데모에 대해 읽고 있습니다. 그러나 그렇더라도, 그는 자신을 완전히 내려놓거나 혹은 자신을 폭로하지 않았습니다. 그에게 주님은 '강한 인상'으로 남아 있을 뿐입니다. 그 이유는 그가 밤을 택했고, 그 틈을 타 몰래 갔기 때문입니다. 바로 그때, 당신은 자신에게 말해야 합니다.

"그것은 나이다. 결국 니고데모가 나이다."

당신은 정말로 주님 앞에서 모든 것을 내려놓고 자신의 모든 모습을 낱낱이 폭로했습니까? 어쩌면 당신에게도 예수님이 강한 인상으로만 남아 있지, 주님 앞에 자신을 완전히 내려놓거나 폭로하지 않았는지도 모릅니다.

따라서 당신은 이 말씀에 대해 트집 잡지도, 관련이 없는 것들과 섞지도 말아야 합니다. 무엇보다 당신은 이 과정동안 단지 앉아 있어야 합니다. 당신은 다음과 같이 말하지 말아야 합니다.

"그는 엘리트 중의 하나였습니다. 그것은 엘리트의 길입니다. 그는 고위직이며 권력이 있었지만, 겁쟁이이며 신뢰할 수 없는 사람입니다. 정말로 복음은 가난한 자들을 위하여 있습니다. 어떻게 엘리트들에게 복음이 전해지겠습니까!"

> 내가 엘리트가 아니더라도 말씀으로 다루어져야 할 사람은 나 자신 뿐이다.

절대로 아닙니다! 당신이 엘리트가 아니더라도 이런 식으로 말하면 안 됩니다. 하나님의 말씀을 읽는 당신이 엘리트가 아니라면, 당신 자신만 돌아보면 됩니다. 당신이 그들을 하나님 앞에 고발하는 것과는 아무런 관련이 없습니다. 그런 엘리트들을 비판할 필요도 없습니다.

혹은 이 말씀을 들고 정치인과 권력자들을 비판하는 일에 동참하지 마십시오! 한국의 크리스천 정치인들이 니고데모와 같다는 그런 연결은 더욱 더 위험합니다. 그런 식으로 자신을 기만하지 마십시오! 당신이 엘리트라고 생각하고 있다면, 다루어야 할 대상은 오직 자기 자신일 뿐입니다. 그렇습니다. 당신은 그때, "그것은 나이다."라고 말해야 합니다. 당신이 엘리트든 아니든, "그것은 나이다! 그것은 나이다!"라고 말해야 합니다.

'나는 엘리트가 아닌데 어떻게 나인가?'라고 반문할지도 모르겠습니다. 당신은 그런 식으로 계속 트집 잡으려 하는 겁니까? 당신은 하나님 앞에서 어떤 존재입니까? 하나님 앞에 그렇게 떳떳합니까? 이 말씀을 당신에게 적용하는 것이 그리 어렵습니까? 그래서 말씀을 가지고 트집 잡지 말아야 한다는 것을 처음부터 말씀드린 것입니다.

당신은 이 엘리트보다 한 번 더, 하나님 앞에 자신을 숨긴 사람은 아닙니까? "이것은 나이다."라고 말하는 것에 대해 트집을 잡음으로써, **당신은 더욱 교활하게 한 번 더, 밤의 어두움에 자신을 숨겼습니다.** 주님의 말씀을 이해하지 못한 자처럼, 오직 엘리트에게만 해당되는 이야기처럼 말함으로써, 주님 앞에서는 밤도 대낮처럼 밝음에도, 자신을 숨기기 위해 밤길을 택한 니고데모처럼, 당신은 트집 잡기와 변명 속에 더욱 교활하게 자신을 숨긴 것입니다!

저도 죄인입니다. 저도 그런 트집 잡기에 능숙했던 사람입니다. 하나님의 말씀이 너무 어려워 이해되지 않는 것처럼, 트집 잡기와 변명 속에 자신을 숨기고 있었던 사람이 바로 저였습니다. 하나님 말씀을 연구하고 공부한다 하면서도 정작 하나님의 말씀 앞에 홀로 서기를 게을리했던 자입니다. 이제 당신과 함께 제 자신을 고백하기 원합니다. 우리가 빛이신 하나님 앞에 있다면, 아무리 작은 고백이라도 도움이 됩니다.

"나의 하나님, 하나님 말씀이 이해되지 않는 것처럼 트집 잡기와 변명 속에 자신을 숨긴 사람이 바로 저입니다! 그렇습니다. 그것은 저였습니다. 오! 제가 그렇게 야비하면서 의지박약한 인간일 수 있다니! 나의 하나님, 제 자신을 차갑게 하든지 뜨겁게 하든지 해야 하는데, 우유부단하고 나약하게도 그렇게 하지 못했습니다! 저를 용서하여 주시옵소서."

나눔질문

1. 우리가 말씀 앞에 서야 하나 니고데모와 같을 때가 있습니다. 현재 말씀 앞에 서는 데 어떤 방해가 되는 것이 있습니까?

_____

_____

_____

하나님의 말씀 앞에 서는 것이 일반적인 현상은 아닙니다. 즉, 성경을 읽고 이해한다 해도 하나님의 말씀 앞에 서는 것은 아닙니다. 우리는 성경을 읽을 때, 인격적으로 역사하시는 하나님을 만나야 합니다. 니고데모가 주님을 만나기 위해 찾아왔으나 그는 자신을 숨겼습니다. 그는 빛으로 나온 것 같았으나 여전히 어둠 속에 있는 것이나 마찬가지였습니다. 요한복음 3장 1~10절 성경 본문을 읽어 보시기 바랍니다.

주님은 밤 중에 찾아온 니고데모에게 '거듭남'에 대해 말씀하십니다. 니고데모는 유대인의 지도자였음에도 주님께서 하신 말씀이 무엇인지 제대로 이해하지 못했습니다.

2. 말씀 앞에 서는 것과 거듭남이 어떤 관계가 있는지 말할 수 있습니까?

_____

_____

_____

"태어나지 않는 자가 '태어남'을 이해할 수 없듯,

거듭나지 않는 자가 '거듭남'을 이해할 수 없다."

– 쇠렌 키르케고르 –

05

하나님의 말씀

"그러므로 나의 사랑하는 자들아
너희가 나 있을 때뿐 아니라 더욱 지금 나 없을 때에도
항상 복종하여 두렵고 떨림으로 너희 구원을 이루라."(빌 2:12)

지금까지 몇 가지 예를 제시했을 뿐입니다. 이것이 하나님의 말씀을 읽는 방식입니다. 저는 무엇보다 주님의 말씀이 우리 가운데 살아 역사하길 원합니다. 우리가 말씀 앞에 더욱 진지해지길 원합니다. 우리는 어쩌면 귀신이나 잡신을 섬기는 사람보다 못할지도 모릅니다. 그 사람들이 주문을 외우는 것을 보십시오. 그들이 주문을 외울 때 어떤 마음일까 생각합니까? 그들은 주문을 두려움과 떨림으로 외웁니다. 그들은 주문을 분석하지 않습니다. 주문을 잘못 불러와서 잘못된 일이 벌어지지 않도록 각별히 유의하고 있습니다.

이런 의미에서 크리스천들은 말씀을 말씀되게 하는 일에

실패했는지도 모릅니다. 무엇보다 인격적이고 주관적인 하나님의 말씀을, 고대 문헌을 연구하듯 비인격적이고도 객관적인 방법으로 연구하고 있는 것이 우리들의 실정입니다. 이 얼마나 끔찍하게 말씀을 소멸해 온 것입니까! 살아계신 주님의 말씀이 고대 바빌론의 문서나 이집트 미라보다 보존할 가치 없는 것으로 전락하고 말았습니다. 주님의 말씀이 고대 문서들의 짜깁기가 되었습니다. 과학적이지도 않은 '추정치'를 가지고 말씀을 과학 이론처럼 다루고 있다는 것, 이 얼마나 기만입니까! 말씀이 수많은 '설' 속에서 난도질당하고 있습니다.

게다가, 정작 말씀 앞에 서는 일은 게을리하고 있습니다. 미신을 추종하는 사람들이 주문을 대하는 것보다는 더 나은 방식으로 우리가 말씀을 대면해야 하지 않습니까? 이 말에 당신이 동의한다면, 바로 이것이 첫 번째 요구조건입니다. 즉, **당신은 거울을 관찰하지 말아야 하며 거울 속의 자신을 볼 수 있어야 합니다.**

그때, 당신은 영혼 깊은 곳으로부터의 두려움과 떨림으로 말씀을 읽게 될 것입니다.

그때, 당신은 하나님의 도우심으로, 주님의 참된 형상을 회복하는 데 동참하게 될 것입니다. 이것만이 인간이 참된 인간이 되는 길입니다.

그때, 당신은 세상에 널리 유포된 두려운 허구로부터 구원받을 수 있습니다. 우리 인간은 그 허구에 홀려 있습니다. 진리가 비인격적이고 객관적인 것이 되어 버렸습니다.

우리는 하나님의 형상대로 창조되었습니다. 이 진리가 얼마나 인격적입니까? 그 형상을 닮기 위해서 말씀을 읽어야 한다면, 말씀을 인격적으로 대우하십시오. 말씀으로 다른 사람을 비판하지 말고 자신에게만 적용시키십시오! 저 사도의 말처럼, 두려움과 떨림으로 그리 하십시오!(빌2:12)

당신이 이렇게 말씀을 읽는다면, 말씀에게 요구받는 것을 실천으로 옮기는 데 이를 수 있을 것입니다. 두려울 수도 있습니다. 그러나 이것이 구원의 조건임을 명심하십시오. 말씀을 이렇게 대하는 것만이 하나님의 형상을 닮을 수 있는 유일한 방법입니다! 그리하여 거울 속에서의 자신을 볼 수 있을 것입니다.

만일 주님의 말씀이 당신을 위한 단순한 교리에 불과하다면, 비인격적이며 객관적이라면, 그것은 거울이 아닙니다. 객관적인 교리를 거울이라 부를 수 없습니다. 당신이 벽에 비친 자신을 볼 수 없듯이, 객관적인 교리를 통해 자신을 비춰보는 것은 불가능합니다.

만약 당신이 하나님의 말씀과 비인격적으로(객관적으로) 관계 맺기 원한다면, 거울 속의 자신을 보아야 하는 어떤 질문도 있을 수 없습니다.

왜냐하면 거울 속의 자신을 보는 것은 '나'를 찾는 것이며, 인격을 갖는 것이기 때문입니다. 거울을 보는 일은 하나님과 당신이 인격적으로 관계하는 일입니다. 그런데 비인격적으로 변화된 말씀을 통해 어떻게 하나님을 만날 수 있겠습니까? 비인격적으로 변한 말씀이 가장 큰 기만일 것입니다.[04]

벽을 보십시오. 당신이 벽을 아무리 바라본다 할지라도 벽 속에서 당신 자신을 찾는 일은 불가능합니다. 말씀은 이미 역사 속에서 벽이 되고 있습니다. 거울을 관찰한다는 자들이 거울을 닦는다고 문지른 것이 페인트였던 모양입니다. 그것도 다양한 색깔의 페인트로 발라 놓았습니다. 페인트를 발라 놓은 거울 속에서 우리 자신을 볼 수는 없습니다. 그러므로 이제는, 겹겹이 색칠해 놓은 페인트를 벗겨야 합니다. 이제 벽을 다시 거울로 돌려놓아야 합니다. 페인트칠 되어 있는 거울을 온전히 맑고 깨끗한 거울로 되돌리는 일, 당신이 성경을 하나님의 말씀으로 대하는 일로 시작됩니다. 그리고 하나님의 말씀을 읽는 동안 끊임없이 자신에게 말해야 합니다.

"이 말씀은 나에게 말하고 있는 것이다. 이것은 나에 대한 것이다."

04　쇠렌 키르케고르,《자기 시험을 위하여》, 80-1쪽.

나눔 질문

1. 말씀이 인격적인 것이라면, 말씀을 객관적으로 연구하고 신학교에서 말씀을 연구 대상으로 삼는 것은 그만 두어야 할까요?

_____

_____

_____

거울에 이물질이 묻었다면, 어떻게 자신의 모습을 볼 수 있겠습니까? 먼저 이물질을 닦아야 합니다. 그럼에도 이물질을 닦아내는 것이 거울을 보는 것은 아닙니다. 거울을 보는 것은 이물질을 닦아낸 다음의 일입니다. 비유해서 말하자면, 말씀을 연구 대상으로 삼는 일도 마치 이와 같습니다.

이미 다루었던 것처럼, 말씀을 객관적으로 연구하는 것과 하나님의 말씀을 읽는 것은 구별해야 합니다. 이것을 구별하지 못하고 혼동하게 되면 굉장히 큰 비극이 찾아올 수 있습니다. 즉, 말씀을 가장 많이 연구하고 허구한 날 말씀과 함께 했던 사람이 정작 말씀으로부터 가장 먼 거리에 있는 비극이 일어납니다.

2. 이런 비극이 일어난 일을 예방하기 위해 우리에게 무엇이 필요할까요?

_____

_____

_____

중세 시대에 복음이 변질되었을 때, 루터가 나타났습니다. 종교 지도자들은 마치 기독교의 구원이 공로를 더 많이 쌓아야 이루어질 것처럼 말했습니다. 그때 그는 '믿음'을 제시함으로써 구원에서 '공로'를 제거했습니다. 나중에 더 구체적으로 다루겠지만, 오늘날 복음의 변질은 다른 쪽에서 진행되고 있습니다. 즉, 하나님의 말씀을 객관적인 연구 대상으로 삼다 보니 행함에 대해서는 별로 관심이 없습니다. 하지만 기독교는 '지적 유희'가 아닙니다.

예를 들어, 자전거를 타고 싶은 사람은 자전거를 타는 법을 배워야 합니다. 이론적으로 자전거 타는 법을 학습할 때는 커피숍에 앉아 차를 한 잔 마시면서 즐길 수도 있습니다. 친구들과 모여 앉아 자전거 타는 것이 무엇인지 이야기를 나누면서 웃을 수도 있고 농담도 주고받을 수 있습니다. 하지만 그가 행위 앞에 섰을 때, 그래서 단 한 번도 자전거를 탄 적이 없었던 그가 자전거 타는 법을 배우는 것은 전혀 다른 문제입니다. 그는 웃을 수 없고 농담을 주고 받을 수도 없습니다. 너무 긴장한 나머지 식은땀이 흘러내릴 수도 있습니다.

기독교는 마치 이와 같습니다. 행위가 제거되었을 때는 웃으면서 농담을 주고 받을 수도 있습니다. 하지만 문제는 이것입니다. 사랑의 문제에 관한 한, 행위는 제거될 수 없습니다. 사랑은 이론적으로 논할 수 있는 문제가 아닙니다. 어떤 젊은이가 학문적으로 연애학 박사학위를 받았다고 해도, 사랑하는 사람이 나타나면 공부할 때와는 달리 마음이 설렙니다. 고백했을 때 거절당할 위험을 무릅써야 합니다. 하지만 그가 설레지도 않고 고백했을 때의 거절에 대한 두려움도 없다면, 그가 연애학 박사학위를 받았다 해도 과연 사랑하는 자일까요?

3. '본받음'은 기독교에 결정적으로 중요합니다. 복음이 변질되지 않도록 막는 '방부제'가 본받음이기 때문입니다. 어떤 점에서 본받음은 결정적으로 중요합니까?

_____

_____

_____

우리가 본받아야 할 분은 예수 그리스도입니다. 그분은 몸소 사랑을 실천하신 본보기로 우리에게 계십니다. 이 본보기가 없다면 어떤 일이 벌어질까요? 두려워 떨 필요가 없습니다. 즉, "두렵고 떨림으로 너희 구원을 이루라."(빌 2:12)고 바울이 말했던 것처럼 그렇게 두렵고 떨 이유가 사라집니다. 웃으면서 농담할 수 있을 것입니다. 하지만 본받음이 생략된 기독교는 더 이상 기독교가 아닙니다.

문제는 우리가 '복'은 원하지만 '본받음'은 원하지 않는다는 것입니다. 달라스 윌라드는 이런 크리스천을 일컬어, '흡혈귀 크리스천'이라 불렀으며, 예수님 피 빨아먹고 사는 자들이라 비판했습니다.

3

속히 잊지 않기

참된 축복으로 거울 속의 자신을 보기 원한다면, 거울에 비친 자신의 모습을 속히 잊어버리는 사람이 되지 말아야 한다.

01

잊는 것을 예방하기

"말씀을 잊는 것을 예방하기 위해
우리는 우리 자신만을 의심스러운 존재로 다룬다."

"너희는 말씀을 행하는 자가 되고 듣기만 하여 자신을
속이는 자가 되지 말라. 누구든지 말씀을 듣고 행하지 아니하면
그는 거울로 자기의 생긴 얼굴을 보는 사람과 같아서 제 자신을
보고 가서 그 모습이 어떠했는지를 곧 잊어버리거니와"(약 1:22-24)

우리가 살아가는 시대를 보십시오. 얼마나 많은 설교들이 쏟아져
나오고 있습니까? 말씀에 대한 지혜들이 얼마나 많이 들립니까?
당신도 역시 많은 설교들을 듣고 있지 않습니까? 우리는 이제 선포된

말씀과 관련된 곳에 있습니다. 예전에는 담임 목사님 설교가 아니면, 어떤 말씀도 듣기 힘들었습니다. 그러나 요즘은 꼭 교회를 갈 필요도 없습니다. TV나 라디오를 켜도 말씀은 울려 퍼집니다. 정말이지 말씀의 홍수 속에서 살아가고 있습니다. 세상 사람들도 말씀을 대중매체를 통해 쉽게 접하는 시대가 되었습니다.

인터넷도 마찬가지입니다. 여기에는 설교 동영상만 나오는 것이 아닙니다. 말씀에 대한 많은 분석과 주석서들도 넘쳐나고 있습니다. 그렇게 많은 것들이 넘쳐나면 넘쳐날수록 그와 함께 의심도 같이 들어오는 것 같습니다. 이제 인터넷에 떠도는 자료들이나 동영상들이 도대체 어떤 목적으로 나와 있는지 알 수가 없습니다. 정통 기독교가 올린 것인지 이단들이 올린 것인지 알 수 없습니다. 모든 것은 오리무중인, 더욱 위험한 세상입니다.

이런 모든 혼란스러운 상황 속에서도 역시 많은 정보들은 인터넷으로 집약되고 있습니다. 단순히 집약만 시키는 것이 아닙니다. 인터넷의 세계는 시간과 공간의 세계를 넘어서고 있습니다. 사람들은 대화를 위해 더 이상 어떤 장소를 필요로 하지 않습니다. 실시간 전 세계에 있는 크리스천이 인터넷 공간을 통해서 대화를 시도하고 있습니다. 페이스북에 글을 남기게 되면, 시간성도 제거됩니다. 언제 어디에 있든, 글을 확인하고 대답할 수 있습니다. 그래서 어떤 사람은 이런 말을 남겼습니다. 우리의 영적인 세계와 가장 닮은 공간이 있다면 그것은 인터넷이라고 하더군요.[04] 제가 볼 때도 인터넷의 세계는 우리의 영적인 세계를 흉내내려 하는 것 같습니다.

이런 상황 속에서 크리스천들이 말씀을 속히 잊어버리지 않기 위해서 무엇을 해야 합니까? 수많은 정보와 설교들이 쏟아져 나오고 있습니다. 믿기도 힘들고 관점도 다양합니다. 우리는 이런 혼란 속에서 말씀을 속히 잊어버리지 않는 자가 되어야 합니다. 그러나 속히 잊지 않기 위해 노력하면 할수록 우리는 절망감만 경험합니다. 무엇 때문입니까? 수많은 말씀을 기억하는 일 때문입니다. 말씀을 잊어버리지 않기 위해서 기억하는 일이 얼마나 고된 일입니까!

당신은 설교를 듣고 받아 적는지도 모르겠습니다. 수많은 설교들을 받아 적고 기억하기 위해 얼마나 노력하고 있습니까? 당신은 받아 적은 설교를 복습이라도 하셨습니까? 아마도 대부분의 사람들은 설교를 듣고 나오면서 설교 내용을 잊어버리는지도 모르겠습니다. 어떤 사람들은 농담조로 말합니다. 세상에서 가장 지루한 시간이 목사님 설교 듣는 시간과 초등학교 교장 선생님의 훈화를 듣는 시간이랍니다. 어떻게 하나님의 말씀이 이렇게 힘없고 맥빠진 말씀이 되었습니까?

---

04 John D. Caputo, 《종교에 대하여》 최생열 역 (서울: 동문선, 2003), 95쪽.

말씀을 듣고 행치 않는 사람은 확실히 거울을 보고 자신의 모습을 속히 잊어버리는 사람과 같습니다. 거울 속의 자신을 보고 금방 잊어버리는 것은 모래 위에, 물 위에 글을 쓰는 것과 같고 허공에 그림을 그리는 것과 같습니다. 그렇다면, 우리가 최선을 다해 할 수 있는 일은 무엇이 있을까요? 당신은 아마도 다음과 같이 생각할 수 있습니다.

"이 순간 나는 하나님께 약속한다. 내가 오랜 기간 말씀을 잊지 않을 것을 맹세한다. 나는 말씀을 꼭 마음 판에 새기고 간직할 것이다."

이것은 우리가 해야 할 가장 중요한 일일 수도 있습니다. 왜냐하면, 이미 이 시대가 설교자가 전한 말씀을 금방 망각하는 시대가 되었기 때문입니다. 초등학교 교장 선생님의 훈화보다 못한 말씀이 되었기 때문입니다. 설교자가 전한 말씀에 관심을 기울이지 않는 일들이 비일비재하기 때문입니다. 많은 요란한 설교들이 나올 것이나 마음에는 어떤 격동함도 없는 시대가 되었기 때문입니다. 길거리나 시장이나 집 어디에서도 많은 말씀들을 듣게 되지만, 바로 잊어버리는 시대가 되었기 때문입니다. 설교가 끝나고 교회 문을 나오는 그 순간, 말씀은 망각되고 사라지는 시대가 되었기 때문입니다.

그러나 당신, **말씀을 기억하기 위해 노력하지 말 것**을 말씀드립니다.

말씀을 속히 잊지 않기 위해 노력하지 마십시오! 그것은 당신을 지치게 할 것입니다. 당신을 말씀 앞에 패자로 만들 것입니다. 많은 말씀들에서 돌아서십시오! 많은 약속들, 맹세들에서 돌아서십시오! 제가 당신에게 권합니다. 분에 넘치는 일을 하지 마십시오! "나는 결코 잊지 않을 것이다"라고 약속하지 마십시오! 오히려 당신이 해야 할 최상의 것은 다음과 같습니다.

"나는 잊어버리는 것을 예방하는 일을 즉시 시작할 것입니다!"[05]

잊어버리는 것을 어떤 방식으로 예방할 수 있을까요? 말씀을 노트에 적을까요? 말씀을 암기하고 다닐까요? 이런 식으로는 불가능합니다. **당신을 가장 의심스러운 존재로 다루는 것입니다.**[06] 당신은 그 많은 말씀들을 기억할 수 없고 그 많은 말씀들을 실행할 수 없습니다. 당신은 하나님의 모든 말씀을 실행할 수 있을 만큼 대단했습니까? 당신이 진정으로 말씀을 대면한다면, 진지해질 것입니다. 그리고 **진지함은 명확히 당신 자신에 대한 정직한 자기불신**입니다. 마치 대부업체 사장이 돈을 빌려줄 때, 고객을 의심스러운 사람으로 대하듯, 당신 자신을

05　쇠렌 키르케고르,《자기 시험을 위하여》, 81쪽.

06　앞의 책, 82쪽.

의심스러운 존재로 다루는 것입니다. 그리고 당신 자신에게 말하면 됩니다.

"이 큰 약속은 나에게 별로 도움이 안 돼. 나는 이런 약속을 지킬 수 있는 위인이 아니야. 하나님의 말씀은 내가 지켜 행하기에 더욱 힘들어. 오히려 전체의 가장 작은 부분을 먼저 실행하는 것이 좋을 거야."

우리는 많은 말씀들을 듣고 있습니다. 말씀 속에서 많은 의무를 만나게 됩니다. 당신은 그 모든 것들을 실천할 수 있다고 약속할 수 있습니까? 우리 시대에 적지 않은 목사님들이 말씀의 잣대로 다른 사람을 평가하고 판단하고 있습니다. 그렇게 함으로써 정말이지 너무 많은 크리스천을 패자로 만들고 있습니다. 목사님들은 말씀으로 너무나 많은 짐을 지우고 있습니다. 말씀 앞에서 완전히 패자가 되든가 아예 말씀을 객관적인 것으로 전락시킴으로써 말씀의 진지함에 이르지 못하고 있습니다.

당신에게 권면합니다. 당신은 그 많은 말씀들을 실천할 수 있다고 약속하거나 맹세하지 마십시오! 당신을 가장 의심스러운 존재로 다룸으로써 잊어버리는 것을 예방하는 일을 시작하십시오. 전체의

가장 작은 부분부터 '즉시' 시작하십시오. 실천해야 할 것을 내일 혹은

다음 시간으로 지체하지 마십시오!

잊는 것을 예방하기 위해,
나 자신을 가장 의심스러운 존재로 여기고
작은 실천을 할 것입니다.

나눔 질문

1. 자기 자신을 의심스러운 존재로 다룬다는 것은 어떤 의미인가요?
   그리고 어떻게 실천할 수 있을까요?

   _____

   _____

   _____

데카르트는 "나는 생각한다. 고로 나는 존재한다."라고 말했습니다. 이것은 생각하는 '나'를 제외한 모든 것을 의심했음을 의미합니다. 그에 의하면, '나'를 제외한 이 세상에 있는 모든 것은 불확실했습니다. 가장 확실한 것은 '나' 자신 뿐이었습니다. 키르케고르는 이와 같이 의심했던 데카르트를 칭찬하면서도 데카르트가 더 철저한 의심에 이르지 못했음을 비판합니다. 즉, '나' 자신조차 의심하는 지점에 이르지 못했다는 것입니다. 그러면서 그는 다음과 같이 결론을 짓습니다.

"잘못된 의심은 자신을 제외한 모든 것을 의심하는 반면, 구원받는 의심은 믿음의 도움으로 자기 자신만을 의심한다."

2. 말씀을 듣고, 실천한 사례들을 나누어 봅시다. 그리고 지금 떠오르는, 말씀을 실천할 수 있는 사항들을 나누어 봅시다.

_____

_____

_____

02

순간에 잊지 않기를 약속하기

"또 옛 사람에게 말한 바 헛 맹세를 하지 말고 네 맹세한 것을 주께 지키라 하였다는 것을 너희가 들었으나 나는 너희에게 이르노니 도무지 맹세하지 말지니 하늘로도 하지 말라."(마 5:33-34)

"누구든지 말씀을 듣고 행하지 아니하면 그는 거울로 자기의 생긴 얼굴을 보는 사람과 같아서 제 자신을 보고 가서 그 모습이 어떠했는지를 곧 잊어버리거니와 자유롭게 하는 온전한 율법을 들여다보고 있는 자는 듣고 잊어버리는 자가 아니요, 실천하는 자니 이 사람은 그 행하는 일에 복을 받으리라."(약 1:23-25)

오늘 우리가 나눈 말씀은 엄해 보입니다. 누구도 거울을 제대로 보고 있는 것 같지 않습니다. 말씀을 듣고 실천하지 않는 사람은 거울을 보고 자신의 얼굴을 속히 잊어버리는 사람과 같습니다. 복음에 의하면 실천하는 자만이 잊어버리는 자가 아닙니다.(약1:25) 그러나 하나님의 말씀을 완전히 실행에 옮긴 사람이 얼마나 많을까요? 아니, 완전히 실행으로 옮긴 사람은 한 사람도 없을 것입니다. 이것은 불가능합니다! 그렇다면, 누가 거울을 제대로 본 것입니까? 거울 앞에서 자신을 본 사람이 아무도 없는 것은 아닙니까?

따라서 사람이 결코 말씀을 잊지 않겠다고 자신과 약속했을 때, 그것으로는 부족합니다. 혹은 말씀을 완전히 실천할 수 있다고 과신해서도 안 됩니다. 또한 말씀을 잊지 않으려 한다면, 말씀을 읽은 다음부터 기억하는 일을 시작해야만 합니다!

예를 들어 담배를 피우던 자가 금연하기로 스스로 약속했다고 생각해 봅시다. 그러면 그는 담배 피우는 것을 그만두기 위해 매일 약속했던 것을 떠올려야 합니다.

"내가 금연하기로 사람들과 나 자신에게 약속했지."

오늘 금연한 것은 중요하지 않습니다. 왜냐하면 그가 3년 동안 금연했어도 그 다음날 담배를 피웠다면 그의 약속은 거짓말이 됩니다. 혹은 30년을 금연했어도 그 다음날 담배를 피웠다면 그는 약속을 어긴 겁니다. 혹은 그가 평생을 금연했는지 모르지만 죽기 직전에 담배를 피웠다면 그것은 약속을 어긴 것이 됩니다.

따라서 이런 식으로 생각할 때, 다음 시간이 모든 것을 결정합니다. 말씀을 지켜 행하는 것도 마찬가지입니다. 당신이 오늘 이웃을 사랑할 수 있습니다. 당신이 오늘 사람들을 비판하지 않을 수 있습니다. 당신이 오늘 도둑질하지 않을 수 있습니다. 당신이 오늘 간음하지 않을 수 있습니다. 그러나 내일, 일주일 후, 1년 후, 20년 후, 죽기 전에 말씀을 실천하지 못했다면 당신은 말씀을 행하지 못한 것이 될 것이고, 당신은 거울을 보고 자신의 얼굴을 속히 잊어버리는 사람이 될 것입니다. 휴, 아주 어렵군요!

> 말씀을
> 잊지 않는 것이,
> 말씀을 지켜
> 행하기로 평생을
> 걸고 약속하는
> 문제가 아니다.

이런 식으로 생각하게 된다면, 당신이 천국에 갔을 때만이 당신이 거울을 봐왔던 사람인지 알게 될 것입니다. 지금은 알 수 없습니다. 다음이 가장 중요한 시간입니다. 그때, 당신은 솔직하게 다음과 같이 고백하게 될 것입니다.

"나는 결코 잊지 않을 것을 약속해 왔다. **결과적으로 나의 모든 삶은 기억하는 것에 바쳐졌다.**"[07]

---

07 쇠렌 키르케고르, 《자기 시험을 위하여》, 82쪽.

바로 다음 시간에 대해서 얼마나 양심적인 이야기입니까! 만약 당신이 이것을 말하려 한다면, **그때 당신은 속히 자신을 잊어버리는 사람이 되어 가고 있는 것이 확실합니다!**

그러나 복음은 확실히 이런 방식이 아닙니다. 복음은 그렇게 엄하지 않습니다. 뿐만 아니라, 복음은 당신이 천국에 들어가기까지 말씀을 실천했는지 엄하게 지켜보며 기다리지도 않습니다. 당신은 평생을 두고 말씀을 지키겠다고 약속할 필요도 없습니다. 단지 당신은 '오늘' 주어진 가장 작은 부분을 실행하기만 하면 됩니다. 그러나 말씀을 실행하지 못할 수도 있습니다. 말씀과 비인격적으로 관계하고 있지 않다면, 그래서 당신이 말씀의 진지함 앞에 두려워 떨고 있다면, 하나님께서는 당신을 붙잡으실 것입니다. 하나님은 그런 당신을 정죄하지 않으십니다. 하나님께서는 그런 당신을 일흔 번씩 일곱 번이라도 용서하실 것이고 무한히 용서하십니다.(마18:22)

이런 일들이 어떻게 진행되는지 구체적으로 살펴봅시다. 이해를 돕기 위해, 불면증 환자를 생각해 보겠습니다. 그는 환자입니다. 왜냐하면 그는 잠자는 일을 무의식 중에 기억하고 있습니다. 그래서 매일 밤마다 잠을 자야 한다는 기억을 떠올려, 잠을 자기 위해 노력하고 있습니다. 그는 잠을 자기 위해 맹세한 적은 없습니다. 그럼에도 불구하고 잠과 사투를 벌이고 있습니다. 그는 잠을 자고 싶을 뿐입니다. 잠을 자야 한다는 강박에 시달리고 있습니다. 벌써 10년이 넘도록 잠을 제대로 이루지 못하고 있는지도 모릅니다. 그는 계속 잠을 자야 한다는 생각을 자신에게 불러오고 있습니다. 그러면 그럴수록 더욱 잠은 오지 않습니다. 단 한 번도 이 생각을 내려놓은 적이 없습니다. 그것을 기억하면 할수록 더욱 잠을 이룰 수 없습니다.

오늘 꼭 잠을 자야 한다는 필사적인 노력 뒤편에는, 잠을 못 이룰 것이라는 불안이 숨어 있습니다. 그리고 잠을 설치고 나면, 다음에는 더 큰 불안이 몰려옵니다. 그 다음날은 잠을 자야 한다는 생각은 더 강렬해지고, 강렬해진 만큼 잠을 못 잘 것 같은 불안도 더 강렬해집니다. 그는 여전히 오늘도 잠을 자야 한다는 의무감에 잠을 청했습니다. 그러다 해야 할 일이 번뜩 생각이 났습니다. 그래서 갑자기 잠에서 깼습니다. 그리고 홀로 중얼거립니다. "무엇을 하려고 했지?" 그는 기억을 더듬어 봅니다. "아, 잠을 자려 했지."

그의 모든 삶, 그의 모든 열정은 이미 오래 전부터 잠을 자야 한다는 생각에 바쳐지고 있었습니다. 상황은 다르지만, 기억하는 일에 모든 삶이 바쳐지는 것은 금연을 원하는 자와 똑같습니다. 이 얼마나 불행한 일입니까! 그의 모든 삶이 잠을 자야 하는 일에 바쳐져야만 합니다.

마치 잠자는 것이 그의 사명인 것처럼 보입니다. 이때, 그는 자신을 잊어버렸습니다. 그는 속히 자신을 잊어버리고 있습니다. 그는 거울을 본 적이 없는지도 모릅니다. 그래서 거울에 비친 그가 어떤 사람이었는지 알지 못합니다. 그가 평안한 잠에 이르기 위해서는 잠을 자야 한다는 모든 생각과 기억들을 버려야 한다는 것을 알지 못합니다. 어떻게 하면 그는 자신을 찾을 수 있을까요? 다음과 같이 생각함으로써 그는 잠을 자야 한다는 생각에서 벗어납니다.

"오늘은 잠을 못 자도 좋아. 지금까지 잠을 제대로 못 이루었는데 오늘은 잠을 자지 않겠어. 잠을 자는 일에 더 이상 내 인생을 빼앗기고 싶지 않아. 잠을 못 자느니 차라리 잠을 못자서 죽어 버리자."

그는 오늘 잠을 자지 않을 것을 선포함으로 인해서, 잠을 자야 하는 모든 생각으로부터 자유롭게 됩니다. 잠을 자야 한다는 노력으로부터 자유롭게 됩니다. 뜬눈으로 밤을 새우려 하지만, 잠이 오는 것을 그는 막을 수 없었습니다. 그날 밤, 그는 평안한 잠을 잤습니다. 그는 내일 밤도 잠자기 위해 노력하지 않았습니다. 그러나 잠은 오고야 말았습니다. 그 다음날도 마찬가지입니다. 자신이 정작 무엇을 해야 하는지를 잊지 않은 자에게 잠은 선물로 주어졌습니다. 당신은 이 이야기가 이상하게 들립니까? 그러나 이것은 정신과 전문의가 들려준 이야기입니다.[08] 우리는 무엇을 기억해야 하며, 무엇을 잊어야 합니까?

[09]이해를 돕기 위해 하나의 예를 더 생각해 보겠습니다. 열정에 중독되어 왔던 사람이 있습니다. 특히, 노름이라는 열정에 줄곧 빠져있는 사람입니다. 아마 그 열정으로 공부를 했다면, 그 열정으로 사람을 섬겼다면 어떤 일이 벌어졌을까요? 모든 사람에게 그렇듯이, 어떤 순간이 옵니다. 좋은 결심이 깨어나는 순간이 옵니다. 그는 절대 노름을 하지 말아야 한다는 생각에 사로잡힙니다. 어느 날 아침에 그가 말하고 있는 것을 상상해 보십시오. 그는 노름꾼이었습니다. 그가 말합니다.

"나는 진지하게 맹세한다. 나는 결코 더 이상 노름에 관련된 것은 하지 않을 것이다. 앞으로 결코 하지 않는다. 단, 오늘 밤까지 만이다."

아, 이 얼마나 불행한 일입니까! 그는 지고 말았습니다! 그는 오늘 밤

---

08   이 부분은 프랭클의 역설의도(Paradoxical intention)를 의미한다. 잠을 자야 한다는 지나친 걱정으로 인해 잠을 잘 수 없다. 이것은 예기불안에 의한 것으로, 잠을 자야 한다는 강박으로부터 벗어날 수 없다. 본문의 의도대로 설명한다면, 의도한 적은 없으나 잠을 자야 한다는 생각 혹은 기억에 바쳐진 삶이다. 다음을 참고하라. 빅터 프랭클《죽음의 수용소에서》이시형 역 (서울: 청아출판사, 2015), 206쪽.

09   이후의 구절은 다음을 참고하라. 쇠렌 키르케고르,《자기 시험을 위하여》, 83-4쪽.

구원받지 못했습니다.

당신에게 상당히 이상해 보일지라도 저는 오히려 그 반대를 지지할 것입니다. 그 순간에 다음과 같이 말하는 노름꾼이 있다고 생각해 봅시다. 그는 자기 자신에게 말합니다.

"자, 지금 너는 너의 인생의 모든 축복된 날에 노름을 할 수가 있다. 너는 노름을 해도 좋다. 노름하는 것은 너의 자유다. 그러나 오늘 밤, 너는 그냥 홀로 있는 편이 낫겠어. 오늘은 노름할 날은 아닌 것 같다."

그리고 그는 그렇게 했습니다. **그는 확실히 오늘 구원받았습니다. 오늘은 노름을 하기에는 적당한 날이 아니라고 말함으로써 그 하루를 구원받았을 뿐만 아니라, 그는 노름을 하지 말아야 한다는 그 모든 기억으로부터 구출됐습니다!**

당신은 어떻습니까? 당신은 평생을 노름을 하지 않고 살 만큼 절제력이 대단합니까? 당신은 평생을 걸고 노름을 절대 하지 않을 것을 맹세할 수 있습니까? 노름하지 말아야 하는 생각은 노름의 생각을 더 불러올 뿐입니다. 그럼 다시 이야기 속으로 들어가 봅시다.

첫 번째 노름꾼의 결심은 욕망에게 기만당한 것입니다. 즉, 그는 자신의 욕망에 넘어갔고 욕망의 패자가 되었습니다. 두 번째 노름꾼의 결심은 욕망을 패자로 만들었습니다. 하나는 욕망에 의해 스스로 패자가 되었으며 다른 하나는 욕망을 패자로 만들었습니다. 욕망의 특징이 무엇입니까? **욕망은 단지 순간에만 강렬합니다.** 순간에만! 만약 욕망이 단지 순간에만 그의 길을 간다면, 욕망의 편에서 보면 인생 전체를 두고 약속할 만한 것은 아무것도 없습니다! 그러나 상황을 뒤집어서 말해 봅시다.

"아니, 단지 오늘은 아니고 내일 노름을 할 수 있어, 내일이나 모레나, 언제나 가능하지."

이것은 욕망을 패자로 만듭니다. 왜냐하면 욕망은 순간에만 작용하므로 다른 어떤 때를 기다려야 한다면, 욕망은 자신을 잃어버립니다. 욕망이 그 자신을 알리는 순간 출입이 허용되지 않는다면, 내일까지 받아들여질 수 없다는 것을 듣는다면, 그때 욕망은 그것이 더 이상 욕망일 수 없음을 이해합니다. 즉, **지연된 욕망은 더 이상 욕망일 수 없습니다.**

동방에 큰 권력을 가진 황제가 있었는데, 유명한 작은 나라가 그의 분노를 자극했을 때, "복수해야 하는 것을 기억하십시오!"라고 황제에게 매일 말하던 신하가 있었습니다.[10] 그것은 정말로 기억해야

---

10 Herodotos, 《역사》 박현태 역 (서울: 동서문화사, 2020), 457쪽을 참고하라.

할 것이었습니다. 그러나 제 생각에는, 황제에게 그것을 잊으라고 상기시키는 신하가 있었으면 더 좋았을 것입니다. 왜냐하면 매일 잊어야 할 것이 기억나게 된다면, 그 사람은 결코 그것을 잊을 수 없기 때문입니다. 매일 잊을 것을 말해 줌으로써 복수는 항상 생각나게 마련입니다.

당신이 생각할 때, 복수를 해야만 한다는 것을 매일 상기시키는 종과, 복수하지 말아야 할 것을 매일 상기시키는 종 중에서 누가 더 복수를 기억나게 한다고 생각합니까? 생각하기에 따라 다르겠지만, 저는 후자라고 생각합니다. 노름을 하지 말아야 할 것을 매일 기억해야만 한다면 어떨까요? 그는 노름을 하지 말아야 할 것을 매일 기억함으로 인해, 그는 노름에서 결코 벗어나지 못할 것입니다.

> 욕망에 대해 승리하기 위해,
> 욕망의 목소리를 듣지 말아야 한다는 사실을, 단지 그 한 순간에만
> 기억하면 된다. 당신의 인생을 걸고 욕망과 싸울 이유가 없다.

오네실로스가 아마투스를 포위 공격하는 한편, 사르데스가 아테네·이오니아의 연합군에 의해서 점령되어 불타버린 일, 또 그 연합을 성립시켜 이 계획을 꾸민 장본인이 밀레토스의 아리스타고라스였다는 것 등이 다리우스 왕에게 보고되었다. 전해지는 바에 따르면, 왕은 이 보고를 들었을 때 이오니아에 대해서는 머지않아 그들이 배반의 대가를 치를 것을 잘 알았기 때문에 전혀 개의치 않았으나, "아테네인이란 도대체 누구인가?" 물었다고 한다. 그 대답을 듣자 왕은 활을 집어 들고 화살을 재고는 하늘을 향해 쏘았다. 그리고 하늘을 향해 "제우스여, 아테네인들에게 보복할 것을 저에게 허락해 주십시오." 말했다고 한다. 그러고는 하인에게 식사 시중을 들 때마다 왕을 향해, '전하, 아테네인을 잊지 마십시오.' 이렇게 세 번 말하도록 명했다는 것이다.

여기까지 오시는 동안 어려운 걸음을 하셨습니다. 이 주제가 너무 어렵고 무겁다는 것을 압니다. 하나님의 말씀이 거울이 되도록 말씀을 읽는다는 것은 그만큼 어려운 일인 것 같습니다. 이 주제의 결론을 말씀드릴까 합니다. 서두에서 던진 주제로 잠시 돌아가 봅시다. 말씀을 듣고 실천하지 않는 사람은 거울을 보고 자신을 속히 잊어버리는 사람과 같습니다. 그러나 하나님께서는 당신이 말씀을 실천하는지 당신이 죽을 때까지 기다리지 않습니다.

당신은 '내일' 혹은 '다음 시간'에 말씀을 실천해야 하는 것을 기억할 필요가 없고, 어떤 약속도 걱정도 필요 없습니다. **바로 '이 순간'에만 말씀을 잊지 않으면 됩니다. 주어진 순간에만 말씀을 실천하면 됩니다.** 당신은 인생에서 기억해야 할 것이 아무것도 없습니다. 그러나 한 가지만 기억합시다. 바로 '이 시간에' 말씀을 기억하기로 약속합시다. 그리고 지금 이순간, 이 약속을 지킵시다. **크리스천에게 이 약속은, 내일 혹은 다음 시간을 위해 있는 것이 아니라 바로 이 순간을 위해 존재합니다.**

나눔질문

1. "지연된 욕망은 욕망이 아니다."라는 말은 무슨 뜻이라고
   생각합니까? 자신의 경험에 비추어 이야기해 봅시다.

   _____

   _____

   _____

2. 자신이 정리하고 싶은 생활 습관이 있습니까? 본문의 내용에
   비추어 볼 때, 어떻게 그런 습관들을 정리할 수 있다고
   생각하십니까? 오늘 당장, 어떤 실천을 하시겠습니까?

   _____

   _____

   _____

3. 노름꾼의 욕망과 불면증 환자의 욕망에는 어떤 차이점이 있는 것일까요?

_____

_____

_____

4. 말씀 안에서 살아가는 것이 어떻게 자유인가요? 오히려 말씀이 우리를 구속시키는 것 아닌가요?

_____

_____

_____

03

말씀을 듣고 침묵을 창조하기

"하나님을 경외하는 것이 지혜의 시작이라면(잠 9:10), 침묵은 하나님을 경외하는
일의 시작이다. 곧 , 침묵은 지혜의 시작이다." - 키르케고르

이제 새로운 주제로 넘어왔습니다. 설교에 대해 본격적으로 생각해
봅시다. 당신은 설교 내용을 얼마나 기억하고 있습니까? 지금 시대에
목사님의 설교가 우리를 감동시켜 말씀을 실천하도록 얼마나 돕고
있나요? 이 부분과 관련해 제게 안타까운 마음이 있습니다. 설교
내용을 비판하는 많은 성도들을 보아왔기 때문입니다. 설교에 대한
비판이 시작되면 교회에 더 이상 하나님의 은혜가 머물지 않게 됩니다.

하나님의 말씀을 듣고 멀리 떠날 때, 설교자나 설교에 대해 비판하는

데 분주하지 마십시오. 비판하는 일에 몰두하지 마십시오. 제가 보기에 요즘 한국의 기독교에서 비판하는 일에 매우 분주할 뿐 아니라, 비판한 내용을 여기저기 공유합니다. 당신이 비판할 때, 사람들은 설교의 내용을 아주 잘 기억하고 있다고 생각할 것입니다. "설교를 제대로 들었구나!"라고 찬사를 받을지도 모릅니다. 그러나 이런 식으로 설교를 기억하는 것은 말씀을 즉시 잊어버리는 자가 되는 것입니다.[04](눅2:19, 10:39) 자신을 돌아보는 일에는 오히려 더욱 멀리 서게 되고 자기 자신은 잊어버리기 때문입니다.

당신이 설교를 비판하는 일에 앞장선다면, 우리가 앞에서 나누었던 사람처럼 되는 것입니다. 바로 니고데모입니다. 니고데모가 빛이신 하나님 앞에서 자신을 숨겼듯이, 당신은 설교자와 설교를 비판함으로써, 하나님과 말씀 앞에서 자신을 숨기는 사람이 됩니다. 말씀 앞에서 오직 자신만을 돌아보는 사람이 되시기를 축복합니다. 설교에 대해 이런저런 비판할 거리가 많을 것으로 생각합니다. 모든 설교가 다 마음에 들지는 않을 것입니다. 저도 마찬가지입니다. 제 자신의 설교가 그다지 만족스럽지 않을 때도 많습니다. 저 또한 다른 목사님들의 설교를 마음속으로 비판을 많이 했습니다. 그러나 우리가,

---

04　말씀을 비판하는 사람과 다음에 나오는 여인들과 비교해보라. 그들은 말씀을 듣고 침묵하고 있다. 눅2:19, "마리아는 이 모든 말을 마음에 지키어 생각하니라." 눅10:39, "그에게 마리아라 하는 동생이 있어 주의 발아래 앉아 그의 말씀을 듣더니"

침묵하십시다! 그렇게 하지 않는다면, 어떻게 진지하게 말씀 앞에 설 수 있겠습니까?

먼저 설교자와 설교를 잊어버리십시오. 그러나 집에 왔을 때, 당신 홀로 그날의 성경 본문을 읽어 보십시오. 가능하면 큰 소리로 읽으십시오. 즉시 행하십시오! 당신은 그것을 할 수 있습니다. 진지하게 그 말씀 앞에 대면하십시오. 그렇게 하는 것이 당신에게, 저에게 유익이 됩니다. 설교자나 설교를 비판할 때가 아니라, 주님께서 '오직 나에게' 주신 음성으로 들어야 할 때라는 것을 명심하십시오! 이것이 당신이 말씀을 온전히 듣는 자가 되도록 도울 것입니다.

아마도 독자 중에서 뜬금없이 이런 것을 왜 시키는지, 반문할 수도 있을 것입니다. 그러나 그렇게 하십시오. 당신이 홀로 큰 소리로 읽어야 합니다. 누가 그 자리에 있어도 안 됩니다. 그때, 당신이 말씀을 읽는 소리에 더욱 집중할수록, 그 말씀의 칼날이 향하고 있는 대상은 오직 자기 자신뿐이라는 강한 충격을 받게 될 것입니다. 아무 권위 없는 저나, 당신을 혼란스럽게 만들었던 다른 사람들이 아닌, 오직 당신 자신만을 위한 것이라는 말씀임을 깨닫게 될 것입니다.

[05]이제 이 주제를 심층적으로 다루기 위해 한 여인에 대해 말씀드리고자 합니다. 여인의 이야기를 통해, 말씀을 듣고 결코 잊지

---

05   이후의 구절은 다음을 참고하라. 쇠렌 키르케고르, 《자기 시험을 위하여》, 85-93쪽.

않는 모습이 있다는 것을 알게 될 것입니다. 오늘 우리가 무엇보다 이 여인에게 집중하기 원합니다. 우리가 나누고자 하는 말씀이 얼마나 중요한지 가장 잘 설명해 줄 것입니다. 이 여인은 회중들 속에서 침묵하고 있습니다. 바울이 그녀를 간략하게 언급한 바 있습니다. 바울의 말을 생각해 봅시다.

"모든 성도의 교회에서 함과 같이 여자는 교회에서 잠잠하라. 저희의 말하는 것을 허락함이 없나니 율법에 이른 것 같이 오직 복종할 것이요 만일 무엇을 배우려거든 집에서 자기 남편에게 물을찌니 여자가 교회에서 말하는 것은 부끄러운 것임이라."(고전14: 34-35)

당신은 사도 바울이 말한 훈계를 잘 따르고 있다고 생각합니까? 이 성경 구절을 통해, 그 당시에 여자들이 어떻게 살았는지 조금이나마 이해할 수 있을 것입니다. 그녀는 결코 설교를 행하지 않습니다. 그것은 부적절합니다. 그녀를 침묵하게 하십시오. 그녀가 침묵 속에 말씀을 보존하도록 도우십시오! 침묵 속에서 그녀가 말씀을 깊이 있게 보존하고 있다는 것을 표현하게 하십시오!

당신은 침묵을 믿지 않습니까? 저는 믿습니다. 가인이 아벨을 죽였을 때, 아벨은 말이 없었습니다. 아니, 말할 수 없었습니다. 그는 죽었습니다. 그러나 그의 핏소리가 땅에서부터 소리칩니다.(창 4:10) 그것은 하늘에 소리칩니다! 결코 침묵이 되지 않은, 이 얼마나 두려운 웅변입니까! 아, 침묵의 숨겨진 힘이여!

그리고 침묵은 여인과 함께 있습니다. 저는 당신을 위하여, 말씀을 잊지 않는 진정한 청자인 그러한 여인을 서술하고자 합니다. 그렇지만 이 서술에 있어, 당신 자신이 그런 여인과 같이 되어야 한다는 것을 잊지 마십시오! 독자인 당신이 실제로 여성인지 남성인지와는 상관이 없습니다. 언급했다시피, 그녀는 회중 가운데서 말하지 않습니다. 그녀는 침묵합니다.(고전14:34)

> 침묵은 말보다 더 많은 것을 표현한다.

집에서도 자신의 신앙에 대해 말하지 않습니다. 침묵할 뿐입니다. 그렇다고 다른 세상에 사는 듯 멀리 떨어져 방관하는 것이 아닙니다. 당신은 그 사람과 함께 앉아 이야기를 나눌 수도 있습니다. 당신이 거기에 앉아 있다면, 속으로 이 사람은 침묵하고 있다는 것을 말할 것입니다. 내면에 무엇인가를 갖고 있습니다. 그러나 침묵하고 있다는 것을, 다른 누구보다 여인의 남편이 가장 잘 알 것입니다. 이러한 침묵은 무엇을 의미합니까?

이 침묵을 이해하기 위해 집과 여인과의 관계를 생각해 봅시다.

여인은 집을 돌봅니다. 가족 구성원 누구보다도 집안 구석구석 신경 쓰고 있습니다. 그래서 아무리 작은 것들일지라도, 마치 이 여인의 영혼과 함께 있는 것 같습니다. 항상 기뻐하는 중에, 때때로 익살과 즐거움으로 가득 차 있습니다. 여인은 아이들보다도 훨씬 더 가정의 큰 기쁨이 됩니다.

여인의 옆에 앉아 그녀를 보고 있을 때, 당신은 그 사람이 침묵하고 있다고 속으로 말하게 될 것입니다. 이 침묵은 무엇을 의미하는 걸까요? 여인 옆에 가장 가까이 서 있는 그 사람, 여인과 불가분의 관계로 묶여 있는 사람이 있습니다. 아내가 전 영혼을 다해 남편을 사랑하고 있다면, 남편이 아내의 신뢰를 차지할 만하다면, 그가 단도직입적으로 다음과 같이 아내에게 말하는 것을 상상할 수 있을 것입니다.

"이 침묵이 의미하는 것은 무엇이오? 당신은 무엇을 생각하고 있는 거요? 이 모든 것 뒤에 무엇인가 있는 것 같기 때문이오. 당신이 마음속에 항상 갖고 있는 무엇이 있소. 그것이 무엇인지 빨리 내게 말해 주시오!"

여인은 직접적으로 그것을 말하지 않습니다. 기껏해야 얼버무리는 정도로 말할 것입니다.

"당신은 주일에 나와 함께 교회에 갈 겁니까?"

그때 그것은 다른 것들에 대해 말하고 있을 뿐입니다. 혹은 그녀는 말합니다.

"주일에 성경말씀을 큰 소리로 읽을 것을 약속하세요!"

그때도 다른 것들에 대하여 말하고 있을 뿐입니다. 도대체 이것은 무엇을 의미할까요? 참으로 답답하군요. 그러나 우리가 더 이상 조사하지 맙시다. 그녀를 괴롭히지 말고 그냥 내버려 둡시다. 아내가 남편에게 어떤 것도 직접적으로 말하지 않는다면, 우리도 어떤 것을 말해 달라고 주장할 수 없습니다. **하나님의 말씀이 우리를 통치하도록 하려면, 우리에게 필요한 것은 바로 이 침묵이라는 것을 명심하십시오!**

우리가 오늘을 살아가면서 우리의 세계와 삶을 관찰할 때, 침묵하지 못하는 것은 기독교적 관점에서 확실히 병입니다. 앞으로 다가오는 시대는 더욱 더 사람들을 침묵하지 못하도록, 바쁜 일상에서 수다스럽게 살아가도록 부추길 것입니다. 사람들은 그 어떤 시대보다 더 많은 말을 쏟아 낼 것입니다. 의사소통의 수단은 최첨단으로 발전할 것입니다. 지금도 얼마나 많은 통신기기들이 있습니까? 스마트폰과 SNS는 대표적인 예입니다. 인류가 만든 통신수단으로 쉬지 않고 대화할 것입니다. 쉴 틈 없는 대화! 빛의 속도를 추구하는 의사소통 수단들!

제가 만일 의사이고 누군가 제게 "이 병을 고치기 위해 무엇을 해야 합니까?"라고 묻는다면, 다음과 같이 대답할 것입니다.

"당신이 무조건적으로 해야 할 일은 침묵을 창조하는 것입니다. 그렇지 않으면 하나님의 말씀을 들을 수 없습니다. 시끌벅적한 소리 가운데서 하나님의 말씀을 듣고자 하여, 시끄러운 악기들 가운데서 말씀이 인간에게 들려지도록 말씀이 소리쳐야 한다면, 그때 그것은 하나님의 말씀이 아닙니다!

아, 모든 것은 시끄럽습니다. 앞으로 다가오는 시대에 모든 강한 소리들은 감정을 자극하는 수단이 될 것이며 감정을 더 혼탁하게 할 것입니다. 심지어는 가장 하찮은 계획, 가장 공허한 의사소통조차도 단순히 감정만을 자극하기 위해 고안될 것입니다. 가장 하찮은 문자 하나도 대중의 심리를 자극하기 위해 고안될 것입니다. 그리고 사람, 이 영리한 존재는 소리를 증폭시킬 새로운 악기를 만들기 위해 잠을 자지 않을 것입니다. 이 영리한 인간은 가장 빠른 속도와 가장 큰 규모로

잡음과 무의미를 퍼트리기 위해 잠을 자지 않을 것입니다. 수많은 매체들을 개발해서 사람들이 모든 시간과 노력과 에너지를 공허한 의사소통에 쏟아붓도록 만들 것입니다. 수많은 말들, 수많은 잡음들이 오고 갈 것입니다.

그러나 모든 것은 곧 다 뒤집힐 것입니다! 의사소통의 수단과 그 속도는 엄청나게 발전했지만, 해를 거듭할수록 그 의미는 알 수 없는 시대가 될 것입니다. 수많은 혼란들이 더 많은 말들을 만들게 될 것입니다. 진실과 거짓을 구별하기 더 어렵게 될 것입니다. 모든 언어가 가진 참 의미들은 점점 사라질 것입니다.

의사소통은 결국 무의미해져서 그 의미상 지위는 가장 낮은 곳까지 추락할 것이고, 의사소통의 의미가 추락하면 할수록 동시에 의사소통 수단은 속도를 높이며 더욱 빨리 순환하기 위해 필요상 가장 높은 지위까지 솟아오를 것입니다. 의사소통수단은 빛의 속도를 갖게 될 것입니다. 그렇게 엄청난 빠르기로 의사소통은 대중화되고 있지만, 그 사이 더 많이 순환되고 있는 것들은 얄팍한 정보교환에 불과할 것입니다! 의미를 상실한 의사소통들! 껍데기만 남은 소리들! 우리는 오히려 침묵을 창조해야 합니다."

당신이 당신의 집과 가정에 이것을 소개하는 것을 잊는다면, 가장 중요한 것을 빠뜨린 것입니다. 바로 침묵입니다! 그것은 단순히 말의 부재 상태가 아닙니다.

집을 가정으로 만들고 있는 여인을 보십시오. 아내가 집을 꾸밉니다. 무슨 의도로 집을 꾸미는지 알 수 없습니다. 그녀가 침묵하고 있기 때문입니다. 그러나 그것은 단순히 말이 없다는 의미로서의 침묵이 아닙니다. 왜냐하면 이미 꾸며 놓은 집이 더 많은 말을 하고 있기 때문입니다.

그때, 침묵은 쾌적한 방 안을 밝히는 은근한 불빛과도 같고, 평범한 거실의 분위기를 돋우는 친밀함과도 같습니다. 그것은 거기에 있으며 자신의 영향력을 친절한 방법으로 드러내고 있습니다. 침묵은 곧 분위기(tone) 자체이며, 다른 어떤 명성은 갖고 있지 않은 상태로 바탕에 깔려 있기 때문에 근본적인 분위기라고 부릅니다. 침묵이란 당신의 흔적이며 동시에 존재입니다. 집을 스스로 가꿔 가정으로 만들 때, 침묵은 당신의 흔적이면서 동시에 존재로서 말합니다.

어쨌든 침묵이 나타나야 한다면, 그것은 당신이 거기에 있었는지에 대한 존재의 문제입니다. 당신이 집과 가정에서 어떻게 존재하는지에 대한 문제입니다. 다른 사람이 집을 꾸민 것은 당신이 한 것이 아닙니다.

당신의 존재에 의해, 당신이 해마다 지속적으로 당신의 집에서 침묵을 창조해 낼 때, 결국 이 침묵은 당신이 부재일 때도 거기에 있을 것이며, 당신에 대한 증언이 되고 당신의 기억이 될 것입니다!

> 침묵은 존재의 문제이다.

당신이 말씀 안에 거할 때도 이와 같습니다. 예수님께서 말씀하셨습니다. "너희가 내 말에 거하면, 참으로 내 제자가 된다."(요8:31b) 예수님의 제자가, 스스로를 예수님의 제자라 생각하고 말한다고 해서, 진정으로 예수님의 제자되는 것은 아닙니다. 그 자신의 삶으로 예수님의 제자임이 드러나야 합니다. 우리의 존재가 우리를 알려야 합니다.

말씀은 당신이 거해야 할 집은 아닙니까? 조금 이야기를 바꿔서 말씀의 집을 생각해 봅시다. 말씀은 집이라고 해도 좋습니다. 물론, 비유적으로 말씀드리는 것입니다. 말씀이 집이라고 할 때, 당신은 말씀의 집에 들어가서 살아야 합니다. 집을 소유한 자가 집을 깨끗이 하고 아름답게 꾸미는 것이 당연하듯이, 당신은 말씀의 집을 꾸미는 일을 해야 할 것입니다. 당신은 집에 들어가 쉬고 싶었지만, 집이 난장판이 되어 쉴 수 없었던 때가 있지 않습니까? 집을 수리하는 과정에서 제가 거실에서 쓰던 물건들을 방 안으로 옮겨 놓았을 때, 저는 방 안에서나 거실에서, 그 어디에서도 편히 쉴 수 없었던 적이 있습니다.

당신은 말씀의 집에서 편히 쉬고 있습니까? 그렇다면 말씀의 집을 잘 가꾸고 편히 쉴 수 있는 공간으로 바꾸는 것은 누가 하는 걸까요? 하나님? 혹은 예수님? 혹시 내 자신이 할 일은 아닌가요? 저는 집을 편히 쉴 수 있는 공간으로 꾸미는 과업이 우리에게 주어졌다고 봅니다. 혹은 이것이 말씀을 실천함으로써 가능한 것이 아닌지 궁금합니다. 그때 말씀의 집이 우리가 편히 쉴 수 있는 가정이 되는 것은 아닌지 궁금합니다.

세상은 외적인 아름다움에 집중합니다. 아름다움이 세상에서 최고 권력을 얻고 있는 것 같습니다. 그러나 무엇이 진정한 아름다움인가요? 세상이 외적인 아름다움에 치우칠지라도, 하나님은 말씀하십니다.

> "나의 보는 것은 사람과 같지 아니하니, 사람은 외모를 보거니와 나 여호와는 중심을 보느니라."(삼상16:7)

제가 볼 때, 많은 크리스천조차도 외적인 아름다움으로 모든 것을 평가하는 것처럼 보입니다. 겉으로 보이는 재물의 축복을 하나님의 축복으로 간주하고 질병이나 사고로 고통을 당하는 크리스천이 있다면 너무나 쉽게 하나님의 책망 혹은 저주로 연결시키려 한 것은 아닌지요?

혹은 사회적인 지위, 명성, 부를 교회 안으로 가지고 들어와서 교회 안에서도 똑같은 차별을 만들고 있지는 않습니까? 그때, 하나님의 공의는 눈을 부릅뜨고 이러한 일이 벌어지지 않도록 감시하고 있다는 것을 모르십니까? 복음은 말합니다.

"내 형제들아 영광의 주 곧 우리 주 예수 그리스도를 믿는 믿음을 너희가 받았으니 사람을 외모로 취하지 말라!"(약2:1)

우리는 외적인 아름다움에 마음을 뺏겨서는 안 됩니다. 말씀 안에서 진정한 아름다움을 가꾸어 나가야 합니다. 그것이 바로 집을 가정으로 만드는 예술입니다.

말씀이 집이라고 할 때, 말씀의 집을 가정으로 가꾸는 것이 눈에 보이는 아름다움이라고 생각하십니까? 혹은 이와 같은 일을 말로 설명할 수 있다고 생각합니까? 침묵을 창조하십시오! 당신이 말씀 안에 거하고 말씀의 가정을 이룰 때, 사람들은 당신을 통해 어떤 설명할 수 없는 분위기를 느끼게 될 것입니다. 그때 물어볼 것입니다.

"도대체 이 분위기는 무엇인가?"

당신이 대답할 수는 없을 것입니다. 하지만 당신이 이 침묵을 창조하려 한다면, 또한 가르치려 한다면, 당신은 침묵을 연습해야 합니다. 당신은 매일 시간을 들여 하나님을 경험하며 자신의 마음을 안정시켜야 한다는 것을 명심하십시오. 당신은 집을 가정으로 만드는 기술을 가지고 있습니다. 시간을 들여야 합니다. 당신의 손이 가득 채워져 있을지라도, 아무리 바쁠지라도, 집을 가정으로 만들 예술에 당신의 시간을 투자해야 합니다. 당신에게 집이 있기 때문입니다. 집이 없는 사람들도 있습니다. 그러나 당신은 세상에서 가장 훌륭한 집을 갖고 있습니다. 그런데 그 집을 텅 빈 공간으로 남겨 놓을 겁니까? 아니면, 편히 쉴 수 있는 가정으로 만들겠습니까?

사람은 자신이 하고 싶은 일에는 항상 한가하고 자신이 하기 싫은 일에는 항상 바쁜 것 같습니다. 당신이 거하는 곳에 침묵을 만들어 내려고 시간을 내고 노력하지 않는다면, 침묵은 결코 당신의 집에 들어오지 않을 것입니다. 침묵을 창조하는 것이 당신의 과업입니다.

말씀을 듣고, 침묵을 창조하십시오. 그 침묵이 당신이 말씀을 듣고 속히 잊지 않았다는 것을 증명해 줄 것입니다. 말씀을 듣고 침묵을 창조하는 당신이 되기를 축복합니다.

나눔질문

1. 때론, 많은 말들이 의미 없게 느껴질 때도 있습니다. 그런 경험을 한 적이 있으신가요?

_____

_____

_____

2. '침묵은 존재의 문제'라는 것은 무슨 의미라고 생각하십니까?

_____

_____

_____

사람은 가르치는 내용을 서재에서 가져옵니다. 혹은 많은 책을 통해 공부한 다음, 그 중에 일부를 수업을 통해 전달하고자 합니다. 그러나 주님께서 특별히 임명한 우리의 선생인 새와 백합은 다릅니다. 그들은 가르치는 내용을 서재나 책에서 가져오지 않습니다. 그들은 말이 없습니다. 그들이 가르치고자 하는 바는 '그들의 존재 자체'입니다. 그들은 말로 가르치는 것이 아니라 '존재'로 가르칩니다.

창세기에 보면, 가인은 아우 아벨을 죽였습니다.(창 4:8) 가인은 아벨에 분노한 것이 아닙니다. 더 엄밀히 말하자면, 자신이 드린 제물을 받지 않는 하나님에 대한 분노입니다. 하나님이 네 아우 아벨이 어디 있느냐고 가인을 불렀을 때 가인은 뻔뻔하게 대답합니다.

"내가 알지 못합니다. 내가 아우를 지키는 사람입니까?

그런 가인에게 하나님께서 말씀하십니다.

"네가 무엇을 하였느냐? 네 아우의 핏소리가 땅에서부터 내게 호소하느니라."(창 4:10)

아벨은 죽었기 때문에 아무런 말이 없습니다. 그런데 성경은 말합니다. "네 아우의 핏소리가 땅에서부터 소리친다!" 아벨은 죽었기 때문에 말할 수 없습니다. 하지만 이것은 얼마나 두려운 웅변입니까!

3. 말씀을 듣고, 침묵을 창조하기 위해 어떻게 해야 할까요?

_____

_____

_____

　　성경은 말합니다. "하나님을 경외하는 것이 지혜의 시작이다."(잠 9:10) 성경이 말하는 것처럼, 하나님을 경외하는 것, 하나님을 두려워할 줄 아는 것은 지혜의 시작입니다. 저는 여기에 한 마디를 덧붙이고자 합니다. "침묵은 하나님을 경외하는 일의 시작이다." 다시 말해, 침묵은 지혜의 시작입니다. 우리는 수많은 말로 기도실에 갈 수 있습니다. 많은 말로 기도할 수 있습니다. 하지만 기도가 점점 더 깊어질수록, 점점 더 말이 줄어드는 것을 경험한 적이 있을 것입니다. 그러다가 결국 한 마디의 말만 남게 됩니다.

"주여, 말씀하소서. 내가 듣겠나이다."

우리는 기도가 많은 말을 하는 것이라 생각하는 경향이 있습니다. 하지만 기도가 깊어지다 보면, 기도는 많은 말을 하는 것이 아니라, 하나님의 음성을 듣는 것이라는 사실을 깨닫게 됩니다. 그때, 우리는 말이 사라집니다. **기도는 그분의 음성을 듣는 것입니다. 즉, 기도는 침묵입니다.** 저는 여기에서 다시 말을 바꾸고자 합니다.

"기도는 지혜의 시작이다."

4. 여러분은 얼마나 깊은 기도의 경험을 해본 적이 있습니까? 기도는 곧 침묵이라는 것에 동의하십니까?

_____

_____

_____

과학이 싹이 텄던 산업혁명 시절, 사람들은 "의심은 지혜의 시작이다."라고 생각했습니다. 데카르트의 '방법적 회의'를 적용하여, 과학은 모든 현상을 의심하기에 이르렀습니다. 태양이 동쪽에서 떠서 서쪽으로 질 때, 태양이 지구 주위를 돌고 있음을 의심하지 않았다면(천동설), 아마 '지동설'은 불가능했을 것입니다. 이처럼 지금도 사람들은 의심이 지혜의 시작이라고 생각하는 경향이 있습니다.

5. 의심이 지혜의 시작일까요, 하나님을 경외하는 것이 지혜의 시작일까요? 어떤 결론에 이르렀다면, 그 이유는 무엇입니까?

_____

_____

_____

4

행하는 믿음

믿음은 행위 앞에서 격동한다.
믿음이 격동하지 않는다면, 죽은 믿음이다.

01

격동하는 믿음

오직 일하는 자만 빵을 얻을 수 있다.
오직 염려하는 자만 쉼을 얻을 수 있다.
오직 칼을 빼든 자만 이삭을 구할 수 있다.
오직 낮은 세상에 온 자만 사랑하는 자를 구원할 수 있다.

- 키르케고르

저는 믿음은 격동하는 것(restless thing)이라고 생각합니다.[04] 격동하는 믿음이 없기 때문에 교회가 힘을 상실해 간다고 믿고 있습니다. 믿음이 격동해야 한다고 말할 때, 믿음이 흔들려 세상길로 가라는 의미가 절대로 아닙니다. **믿음이 흔들리는 것과 믿음이 격동하는 것을 구별해야 합니다.** 믿음이 흔들린다는 것은 오히려 믿음이 없다고 보아야 합니다. 아직도 의심하는 것이 많기에 믿는다는 것이 무엇인지 모르는 사람일 것입니다. 그럼에도 불구하고 이런 사람들이 믿음 있는 자처럼

---

04   쇠렌 키르케고르, 《자기 시험을 위하여》, 31쪽.

보인다는 것은 참으로 안타까운 일입니다.

많은 사람들이 새신자반에서 기초 성경공부를 배웠을 것입니다. 무엇이 믿음인가요? 예수 그리스도를 하나님의 아들로 믿는 것이 믿음인가요? 혹은 예수님이 우리 죄를 위해 죽으셨다가 부활하셨다는 단순한 사실을 믿는 것이 믿음인가요? 우리는 이런 것들이 믿음의 전부인 양 믿음을 너무 쉽게만 배워온 것이 사실입니다. 그런 믿음에 대해 여기서 도전을 드리고자 합니다. 우리는 다니면서 혹은 교회로 찾아온 사람들에게 전도용 소책자를 나누어 주며 '믿기'를 요청할 수 있습니다. 그리고 많은 사람들이 처음에 그렇게 예수 그리스도를 영접하고 크리스천이 됩니다.

그러나 죄에 대한 철저한 고백 없이 크리스천이 될 수 있을 것이라고 생각합니까? 말씀 앞에 선다는 것은 무엇을 의미할까요? 이 의미를 생각해 보는 동안, 아주 천박한 복음에 대한 말씀을 잠깐 드리겠습니다. 하나님은 모든 죄를 사하실 것이라는 강한 믿음을 가지고 있는 사람이 이 천박한 복음을 믿는 사람입니다. 이 사람은 자신이 아무리 많은 죄를 지었어도 하나님께 몰래 자백만 하면 하나님께서 용서하시리라는 '착각'을 하고 있지요. 그는 자신의 죄를 사람들에게 고백하지는 못합니다. 사람들에게 고백하면 경찰에 넘겨질 것 같은 두려움을 갖고 있습니다. 그러나 **진정으로 두려워해야 할 하나님은 두려워하지 않습니다.** 바로 이것이 천박한 복음입니다.

진심으로 형제를 용서하지 않으면 하나님도 그를 용서하지 않을 것이라는 사실을 몰랐던 것입니다. 하나님이신 말씀 앞에 선다는 것은 우리의 죄가 낱낱이 드러나는 현장에 서는 것입니다. 그런 엄밀한 말씀 앞에서 자신의 죄에 대한 통렬한 회개가 없다면 어떻게 크리스천이 될 수 있겠습니까?

> 너희가 각각 마음으로부터 형제를 용서하지 아니하면 나의 하늘의 아버지께서도 너희에게 이와 같이 하시리라.(마 18:35)

따라서 우리가 새신자가 될 무렵 말씀을 듣고 예수 그리스도를 영접하는 사건은 그야말로 영적으로 지진이 나서, 우리가 중요하다고 생각해 온 세상의 모든 가치들이 무너져버리는 경험이 되어야 합니다. 이 앞에 선 사람은 두렵고 떨지 않겠습니까? 바로 이것이 믿음의 격동함이라고 할 수 있겠습니다.

믿음의 격동함이 여기에서 끝나서는 안 됩니다. 우리가 살아가는 동안 지속되어야 합니다. 믿음은 언제 격동하게 될까요? 정확히 말해 **믿음은 우리가 행위 앞에 섰을 때, 격동하게 됩니다.** 믿음의 행위는 우리의 생각을 초월하여 존재합니다. 우리는 성경에서 이 같은 증거를 많이 볼 수 있습니다. 아마도 대표적인 예가 믿음의 조상 아브라함일 것입니다. 아브라함은 믿음의 시험을 당하게 됩니다. 독자 이삭을 하나님께 바치라는 시험입니다. 물론, 이 같은 설교도 너무 많이 들었기 때문에 아마 더 이상 감동이 없을 것입니다.

아브라함은 이미 믿음의 표준으로만 존재하고 있지 더 이상 우리 삶을 뒤흔들 만한 인물은 아닐 수 있습니다. 그러나 바로 그것이 우리의 현주소이고, 우리가 더 이상 말씀 앞에 서지 않는다는 증거일 수도 있습니다. 아브라함이 사랑하는 독자 이삭을 죽여야 한다는 것이 쉬운 일이라고 생각합니까? 어떤 주석가는 아브라함은 믿음이 좋았기에, 아무 고민 없이 그 일을 감행했을 것이라고 합니다. 그러나 그것은 당치도 않습니다! 우리는 그동안 너무 쉽게 믿음을 대해 온 것이 사실입니다.

사실만을 믿는 것이 믿음입니까? 옆집에서 개 짖는 소리가 들리니 개가 있다고 믿는 그런 단순함입니까? 그러나 믿음의 조상 아브라함의 길을 생각해 보십시오. 아브라함이 독자 이삭을 데리고 모리아 산으로 갑니다. 아브라함은 이미 마음속으로 자식을 죽일 생각을 하고 가는 것이지요. 당신은 그 걸음이 쉬울 것이라고 생각합니까? 뼈를 깎는 듯한 고통은 없었을까요? 어디 이뿐입니까? 자식을 죽이라는 명령을 하시는 하나님은 이해가 됩니까? 자식을 사랑하는 것은 윤리요, 자식을 죽이는 것은 패륜입니다. 패륜을 행하라고 명령하시는 하나님은 과연 하나님인가요? 혹시 사탄의 음성은 아닌가요?

오늘날 이 같은 일이 벌어진다면, 어떻게 되겠습니까? 잘못된 신앙심으로 자식을 죽인 패륜 아버지가 있다고 뉴스특보로 전해질지도 모릅니다. 오늘날 이 이야기가 설교로 전달되고 있습니다. 어느 날 이 본문을 가지고 목사님이 설교합니다. 독자 이삭을 죽이기로 결심하고 이를 행동에 옮기려는 아브라함! 그 아브라함의 믿음을 본받아야 한다고 설교합니다. 그런데 한 젊은이가 목사님의 말씀을 듣고 마음으로 고민하기 시작합니다. 설교자 목사님은 단 한 번도 이 사건을 현실적으로 진지하게 받아들인 적이 없습니다. 그러나 이런 내용의 설교를 처음 들은 젊은이는 설교를 듣고 큰 충격을 받았습니다.

그에게도 사랑하는 아들이 있었습니다. 그의 아들은 불치병으로 죽어가고 있습니다. 하나님께 열심히 기도를 드렸지만 아들의 병은 호전되지 않습니다. 마치 하나님께서 자신의 아들을 요구하시는 것처럼 느껴집니다. 자신이 처한 환경과 설교 내용이 교차되면서 그가 흐느껴 웁니다. 아브라함이 가는 길이 현실적으로 엄청난 고통으로 다가오기 시작합니다. 그러나 보십시오! 정작 설교자는 단 한 번도 그 설교에 그렇게 격동한 마음이 없습니다.

그러나 믿음은 격동하는 것입니다. 이런 믿음의 격동함을 아브라함에게서 제거해 버린 설교는 속 빈 강정 같습니다. 성경에 한 부자청년이 나옵니다. 주님께서 부자청년에게 재물을 다 나눠주고 주님을 따르라고 했더니 근심하다 떠났습니다. 부자청년이 사랑한 것이 돈이었고, 그가 '최고의 것'인 재물을 다 바쳤다면 아브라함처럼 될 수 있는 걸까요? 천만의 말씀입니다! 부자청년이 만일 그렇게 했다면 우리는 대단히 칭찬할 것입니다. 오늘날 사람들은 '최고의 것'을 잘못 생각하고 있습니다. **부자청년에게 자신의 재물을 지켜야 할 어떤 윤리적인 의무가 없습니다.** 그러나 아브라함은 자식을 사랑해야 하고 그 윤리적 의무를 지켜야

> 믿음은
> 하나님을 얻기 위해
> 이해를 상실한다.
> - 키르케고르

합니다. 여기에서 아브라함은 일종의 부조리와 역설을 만나게 됩니다. 그러나 **부자청년에게 있어 그런 역설은 없습니다.**

다시 한 번 우리의 현실로 돌아옵시다. 목사님이 설교를 시작합니다. 목사님은 이 내용의 설교를 많이 해 왔지만, 이 말씀 앞에서 믿음이 격동한 적은 없습니다. 그러나 한 젊은이가 이 말씀을 심각하게

받아들입니다. 잠이 오지 않습니다. 며칠 동안 이 말씀을 붙잡고 잠을 설칩니다. 그리고 이 말씀을 실행에 옮기기로 결심합니다. 자식을 자신의 손으로 죽이기로 결심합니다. 다행히도 설교자 목사님이 그가 행동으로 옮기기 전에 이를 눈치챘습니다. 당장 이 젊은이를 찾아가 혼을 냅니다.

"이 바보천치 같은 녀석아! 쓰레기 같은 놈아! 너 같은 놈 때문에 우리 기독교가 욕먹는 거야! 누가 그걸 본받으라 했어? 아브라함의 믿음을 본받으라고 했지!"

물론, 이렇게 혼내는 것이 당연한 일일 것입니다. 그러나 목사님은 아브라함 이야기로 설교할 때 정작 자신 안에는 어떤 열정도 어떤 도전도 없었습니다. 오히려 젊은이를 혼낼 때, 자신 안에 그런 엄청난 분노가 숨어있는지를 확인하고 자기 자신의 그런 열정에 놀랐을 뿐입니다. 아마도 그는 스스로 기뻐했을 것입니다. 왜냐하면 지금까지 한 번도 그렇게 힘을 주어 감격적인 어조로 설교하지 못했기 때문입니다. 그는 집으로 와서 아내와 자녀에게 말합니다.

"나는 설교자라고. 내게 부족한 것이 있다면, 실천할 기회가 없었다는 거야. 주일날 설교했을 때 나는 그렇게 감동받은 적이 없었는데 저 젊은이는 어떻게 된 거지?"[05]

이 이야기는 단지 꾸며낸 이야기일 뿐입니다. 목사님들을 비판하자는 것도 아닙니다. 저 역시 목사입니다. 설교자가 설교를 할 때 무엇을 전해야 하는지를 함께 고민해보기 원합니다. 설교가 행함과 가장 멀리 떨어져 있을 때, 설교는 타락하게 되어 있습니다. 세상에서 가장 경멸할 수밖에 없는 곳이 설교 강단이 되고 말 것입니다. 목사님들의 경우에 혹시나 이 글을 더 읽어나가기에 거북하고 힘들 수 있겠지만, 이야기를 계속 진행시켜 볼까 합니다.

이 이야기에서 설교를 듣고 자식을 죽이기로 결심한 아버지와, 설교자 목사님 중에서 누가 더 행위와 가깝게 있다고 생각합니까? 아브라함의 시험을 설교자 자신이 실행에 옮길 수밖에 없는 사건으로 이해하고 말씀을 전한다면 어떻게 될까요? 그는 설교 말씀을 제대로 전할 수 없지 않았을까요? 목사님만의 문제가 아닙니다. 우리는 나 자신조차도 모르고 있습니다. 목사님이 설교할 때조차도 자신이 전한 말씀이 무엇인지 몰랐던 것일 가능성이 큽니다. 차라리 소설이나 연극 속에 숨겨진 아이러니가 더 나을 겁니다. 아이러니는 절대적인 진리라고 생각되는 것을 우스꽝스럽지만 그나마 독자와 관객에게 전달하고 있기

05   쇠렌 키르케고르, 《두려움과 떨림》 강학철 역 (서울: 믿음사, 1991), 40-1쪽.

때문입니다. 다시 말해, 진리와 관계를 맺고 있습니다. 그러나 목사님의 설교야말로 진리의 행함과 가장 멀리 떨어져 있는 것은 아닌지요?

우리는 종종 그의 삶이 그를 더 잘 설명해주고 있는 목사님의 설교에 감동을 받습니다. 한결같이 자신의 길을 묵묵히 걸어온 설교자가 어눌한 말임에도 몇 마디만 던져도, 그의 진실성과 그 무게감이 전달되는 것이지요. 목회자들에게만 해당되는 이야기라고 생각하면 안 됩니다. 크리스천은 행함이라는 묵직한 믿음 앞에 존재해야 합니다. **아브라함의 이야기에서 '믿음의 격동함'을 생략할 수 없습니다.** 만약 이 격동함이 생략된다면 말씀은, 우리가 절대로 소화시킬 수 없는 '지식'이 될 것입니다.

미다스 왕이 만지는 모든 것은 금으로 변했습니다. 음식을 먹으려고 손으로 만지면 음식도 먹을 수 없는 금이 되고 말았습니다. 결국에는 그가 가장 사랑하던 딸도 그가 만지자 금으로 변하고 말았습니다. 이처럼, 격동함이 생략된 말씀은 듣는 순간 지식의 금이 됩니다. 그 금은 먹음직도 하고 보암직도 합니다.(창3:6) 그러나 크리스천은 금으로 된 말씀을 소화시킬 수 없어 결국 굶어 죽게 될 것입니다.

복음은 다음과 같이 말합니다. "누구든지 일하기 싫어하거든 먹지도 말게 하라!"(살후3:10) 맞습니다. 일하지 않는 자는 빵을 얻지 못할 것입니다. 그는 굶어 죽게 될 것입니다. 그러나 세상에서는 일하지 않았지만 빵을 얻는 일이 얼마나 자주 일어나고 있습니까? 이 말씀은 이 세상과는 잘 맞지 않는 것 같습니다. 이 세상에서 모든 것은 소유자의 것입니다. 그가 누구인지는 상관이 없습니다. 영화 '반지의 제왕'을 아시죠? 반지는 힘의 상징입니다. 그러나 반지는 주인을 가리지 않습니다. 누구든 반지를 갖기만 하면 능력을 갖게 됩니다. 반지의 능력이 반지를 소유한 자에게 순종하는 것처럼, 이 세상에서는 일하지 않아도 모든 것은 소유한 자에게 속하고 그가 빵을 얻습니다. 그러므로 이 세상에서는 일하는 자보다 잠을 자는 자가 빵을 훨씬 더 많이 얻을 수도 있습니다.

그러나 영의 세계에는 다릅니다. 여기는 하나님께서 통치하십니다. 해가 악인과 선인에게 동일하게 비취지 않고 비가 의로운 자와 불의한 자에게 동일하게 내리지도 않습니다.(마5:45) 거기에서는 오직 일하는 자만이 빵을 얻을 것입니다. 오직 격동하는 믿음을 가진 자만이 쉼을 얻을 것입니다. 낮고 천한 세상에 온 자만이 사랑하는 사람을 구원할 것입니다. 오직 칼을 빼든 자만이 이삭을 구할 것입니다. 오직 행위 앞에 선 믿음만이 열매를 맺을 것입니다. 일하지 않는 자는 빵을 얻지 못할 것입니다.[06]

---

06 앞의 책, 37-8쪽.

믿음은 격동하는 것입니다. 행위 앞에 선 믿음은 격동할 수밖에 없습니다. 플루타르크 영웅전에 테미스토클레스라는 사람이 나옵니다. 그가 소년이었을 때 밀티아데스는 이미 전쟁의 영웅이었습니다. 그리스 시대 수천수만의 사람들 혹은 후대 사람들도 그의 승리를 다 알고 있었습니다. 얼마나 많은 사람들이 밀티아데스의 명성을 찬양했습니까? 세상에서 떠들썩한 이야기는 전부 그에 관한 이야기였습니다. 모든 사람들이 그 명성을 찬양하고 있을 때, 파티에도 참석하지 않고 밤에 잠을 잘 수 없었던 단 한 명의 사람이 있었습니다. 바로 그가 테미스토클레스였습니다. 누가 그 까닭을 물었을 때, 그는 "밀티아데스의 승전소식이 나로 하여금 잠을 잘 수 없도록 했다."고 대답했습니다. 나중에 밀티아데스의 정적이 되지만 밀티아데스가 죽은 후에는 그도 전쟁영웅이 됩니다.[07]

우리 중 얼마나 많은 크리스천들이 아브라함의 이야기를 들었습니까? 과거로부터 얼마나 많은 세대들이 반복해서 아브라함의 이야기를 기억하고 있습니까? 얼마나 많은 사람들이 이 이야기 때문에 잠을 이루지 못하고 있습니까? 혹은 얼마나 많은 사람들이 아브라함의 믿음을 찬양만 하고 있습니까? 그러나 믿음은 격동하는 것이며 진정으로 행위 앞에 서 있다고 할 수 있습니다.

07 플루타르코스, 《플루타르코스 영웅전 전집 I》 이성규 역 (파주: 현대지성, 2021), 208쪽.

나눔 질문

1. 믿음이란 무엇입니까?

_____

_____

_____

    믿음은 신앙의 기초가 됩니다. 믿음으로써 주의 행하신 일을 의심치 않아 그리스도가 하나님의 아들됨을 믿었고, 믿음으로써 말씀을 지키게 됩니다. 믿을 만한 것을 믿는 일이라면 어찌 온 인류가 예수를 영접하지 않았겠습니까? 하나님의 뜻과 섭리를 깨닫는 것은 깊은 학식과 지혜에 있기보다 택함의 은혜 가운데 있는 믿음이 아닐 수 없습니다. 의심 없이 주의 구원과 영광을 본다는 것은 은총의 증거입니다.

2. '믿음이 흔들리는 것'과 '믿음이 격동하는 것'은 어떤 차이가 있습니까?

_____

_____

_____

격동은 떠밀려 어쩔 수 없이 행하게 하는 힘의 기운이 아니라 성령의 감화 감동에 따른 복종과 순종의 행함입니다. 인간은 끊임없는 하나님의 외침과 부르짖음에 응답하여 순종하며 따르기보다 불순종과 무시로 하나님의 영적인 역사를 외면할 때가 많았습니다. 하나님의 원함을 따라 기꺼이 순종하는 자가 되어야 합니다.

3. 말씀 앞에 선다는 것은 무엇을 의미할까요?

_____

_____

_____

하나님의 말씀은 칼과 같아서 우리의 심령을 가르고 불과 같아서 심령을 태워 돌이키게 하며 그 가운데 격동을 주어 "주여, 나를 보내소서!"라고 부르짖는 심령으로 변화시킵니다.

4. '믿음의 격동함'과 관련한 자신의 신앙 경험을 나누어 봅시다.

_____

_____

_____

주의 일을 남의 일같이 생각할 때에는 격동이 없습니다. 또한 문제에 대하여 알량하게 생각하면 격동함을 받을 수 없습니다. 여리고는 무너졌는지, 아말렉은 꺾어졌는지, 우리 가운데 문제는 없는지 생각하는 자라야 격동을 받습니다.

02

복음의 변질

"진실로 너희에게 이르노니, 천지가 없어지기 전에는 율법의 일점 일획도 결코 없어지지 아니하고 다 이루리라."(마 5:18)

시대는 각각 다릅니다. 사람들은 다른 시대마다 각 시대의 요구에 순응하며 살아가는 것 같습니다. 특히 유행이나 문화와 같은 것들을 생각해 볼 수 있을 것입니다. 시대마다 유행이 다르고 문화가 다릅니다. 쉬운 예를 들어, 전 세계적으로 짧은 치마가 유행했던 시대가 있고 긴 치마가 유행했던 시대가 있습니다. 남자들 사이에 장발이 유행하던 시대가 있었고 여자들의 단발머리가 유행했던 시대도 있습니다. 그러나 우리는 지금 복음에 대해 생각하고 있습니다.

복음도 이처럼 각 시대의 요구조건을 따라야 한다고 생각합니까? 아니면, 시대는 다를지라도 복음은 변함이 없어야 한다고 생각합니까? 시대는 변하더라도 복음은 변함이 없어야 한다고 저는 생각합니다. 그러나 복음이 시대정신의 요구에 따라 지금까지 변해 온 것은 역사적인 사실입니다. 복음이 크게 두 가지 면에서 변질되었다고 생각합니다. 첫째는 복음이 다시 새로운 율법이 된 것입니다. 둘째는 복음에서 행위를 제거한 것입니다. 여기에서는 복음이 율법의 행위로 바뀌게 된 경위를 먼저 다루고자 합니다.

첫 번째 변질: 복음이 율법의 행위로!

이런 움직임이 오래 전부터 실행되어 온 것은 사실입니다. 초기 크리스천들은 복음의 원리를 따르다가 동굴 속에서 죽어갔습니다. 그들은 이 세상에서 산 자였지만 죽은 자처럼 살아가기도 했지요. 그 당시에 예수를 믿는다는 것은 목숨을 건 행동이었고 사회의 모든 인간관계와의 단절과 다름없었습니다. 그러나 세월이 지나 기독교가 로마의 국교가 되었고 핍박당하는 자가 아니라 오히려 핍박하는 자가 되었습니다. 비극의 출발점은 바로 여기부터였습니다. 기독교인들은 핍박에서 벗어나게 되어 기뻐했지요. 더 이상 동굴 속에서 살 필요도 없었습니다. 오히려, 갑자기 신분이 바뀌었습니다. 기독교는 지배자의 종교가 되었고 국가의 종교가 되었습니다. 그 당시에 크리스천들은 이것이 기독교의 새로운 승리라고 생각했던 것입니다. 그들은 승리를 즐겼고 핍박이 사라진 세상에서 이것이 하나님의 축복이라는 생각으로 감사했습니다.

지배자가 된 기독교가 심지어 정치권력보다도 힘이 강했던 적도 있었습니다. 거의 모든 유럽이 이미 기독교를 국교로 받아들였습니다. 기독교 초기에, 크리스천이 된다는 것은 너무나 힘든 일이었지만 이제 시대는 완전히 바뀌었습니다. 국가는 국민이 태어나면서부터 유아세례를 주고 기독교인이라는 호칭을 붙여 주었습니다. 마치 주민등록증을 발급하듯이, 태어나자마자 기독교인 증명서를 발급해 주었던 것이지요. 기독교인이 대량생산 시스템에 의해 생산되기 시작한 것입니다. 대량 생산된 크리스천! 전 국민이 기독교인이 된 것입니다. 이 얼마나 큰 축복입니까! 핍박은 사라지고 축복만 있습니다. 기독교는 권력을 손에 쥐게 되었습니다. 그 당시 사람들은 바로 이것을 승리라고 믿었습니다. 바로 이것이 당시에 요구되었던 시대정신이었지요.

기독교인은 출세해야 한다! 기독교인이 세상에서 더욱 영향력을 끼치기 위해 대통령도 되어야 하고, 국회의원도 사장도 되어야 한다.

어떻습니까? 멋있지 않습니까? 기독교인이 사회 각계에 진출하여 영향력을 확대하고 살아가다 보면 이 세상이 곧 하나님의 나라가 되지 않겠습니까? 바로 이것이 요즘 세계의 특히나 한국의, 기독교인의 생각 아닙니까? 정말로 이것이 복음이며, 복음이 우리에게 가르치는 것이라고 생각합니까? 그래서 지금 한국 기독교인의 출세와 성공을 위해 복음이 봉사하고 있는 것은 아닙니까? 요즘 한국의 시대정신이 성공학에 집중되어 있다 생각하지 않습니까? 그런데 복음까지 그런 시대정신에 봉사해야 하는 겁니까?

제가 볼 때, 한국의 이런 기독교 정신은 중세시대에 승리의 기독교를 축복으로 생각했던 것과 같습니다. 그러나 중세의 기독교 승리는 오히려 비극이었습니다. 속지 마십시오! 중세 시대의 승리야말로 기독교를 타락으로 이끈 지름길이었습니다. 하나님 나라를 위해서 기독교가 일한 것이 아니라, 세상 나라를 위해 봉사하기 시작했습니다. 봉사만 했으면 그나마 얼마나 다행입니까? 봉사 수준에 머문 것이 아니라, 아예 세상의 권력을 장악하기 시작했던 것입니다.

그러나 초기 기독교 시대, 세상은 크리스천의 편이 아니었습니다. 이유는 간단합니다. 그때의 성도들은 세상적인 성공이나 야망, 혹은 출세를 원하기는커녕 스스로 동굴생활을 좋아하고, 하나님의 백성과 함께 고난받기를 잠시 죄악의 낙을 누리는 것보다 더 좋아하고 예수 그리스도를 선택한 사람들이었습니다.(히11: 25) 하나님 나라를 갈망하는 자는 세상의 영광을 위해 일하거나 세상의 영광을 바라지 않습니다. 세상은 이런 우리들을 이해하지 못했기 때문에 우리를 핍박했던 것입니다.

다시, 승리에 취해있던 중세 기독교를 생각해 보겠습니다. 주민등록증을 발급해 주듯, 태어나면서부터 기독교인 증서를 발급해 주는 국가! 이 얼마나 큰 비극입니까! 모든 국민이 이미 기독교인이 되었을 때, 참된 크리스천은 찾아보기 어렵게 되었습니다. 이름은 기독교인이나 실상은 단 한 번도 믿음의 고백이 없었던 사람들도 있었습니다. 이제 누가 진짜 크리스천인지 구별하기 어렵습니다. 짝퉁 기독교인은 세월이 갈수록 더욱 많아집니다.

이런 상황 속에서, 진짜와 가짜를 구별해야 하는 막중한 사명이 아마도 사역자들에게 있었던 것 같았습니다. 말씀대로 사는 증거로 '행위'를 강조하기 시작했습니다. 나면서부터 기독교인이라 명명된 자가 실상은 한 번도 교회를 가지 않는 경우도 있었겠지요. 병아리 감별을 하듯이, 진짜 기독교인을 감별하는 기술을 개발해야 했을 것입니다. 그런 모든 감별기술들이 행위를 시험하는 것으로 집적되었을 것입니다.

참된 기독교인이 되기 위한 세부적인 실행조항도 만들어졌을 것입니다. 그러면서 복음이 율법의 행위로 다시 돌아갔고, 이것이 바로 복음의 변질이었습니다. 행위를 강조한 복음이 됨으로서, 이것이 하나의 새로운 율법이 되는 것! 바로 이것이 그 시대에 요구되었던 '시대정신'이었을 것입니다.

초기 기독교 시대에도, 주님의 은혜이신 순수한 복음이 새로운 율법으로, 오래된 율법보다 더 엄격한 율법으로 변해가는 일들이 있었을 것입니다. 그러나 중세시대만큼 그렇게 국가 전체에 퍼져있지 않았습니다. 중세시대의 오류는 상당히 컸습니다. 행위의 공로가 아니면 하나님 나라에 들어갈 수 없는 것처럼 설명하는 자들도 있었습니다. 모든 것은 상상 이상으로 고통스러웠으며 고되다 못해 불쾌했습니다. 예수님의 탄생을 알리는 천사의 노래가 있었음에도 불구하고 그 땅에는 아무런 기쁨이 없었습니다. **복음을 율법에 담으려 했고 하나님을 보잘것없는 분으로 만들어 버리려 했던 것입니다. 이러한 방식으로 그 시대는 스스로 형벌을 받았습니다. 새로운 율법이 된 복음에 의해 억압받기 시작했습니다.**[08]

이곳, 저곳에서 "새로운 율법"으로 인해 신음하는 소리도 들려 왔습니다. 이러한 상황을 개혁해야 한다는 목소리들도 들려 왔습니다.

08   쇠렌 키르케고르, 《자기 시험을 위하여》, 26쪽.

많은 사람들은 이 "새로운 율법"에 대항하다가 순교하며 죽어 가기도 했습니다. 그러다 지쳐 수도원으로 들어가 스스로 자신을 고립시키기도 했습니다. 자발적이었으나 결국은 속박이었다는 것도 사실입니다. 사람들은 전적으로 결심하지 못했고 거기에서 행복하지도 않았습니다. 자유하지도 않았습니다. 그러나 그들은 그것을 멈출 자신이 없었고 수도원을 떠나 자유할 수 있을지에 대해 용기가 없었습니다. 모든 것은 다 행위가 되어 있었습니다. 복음이 또 다른 율법이 되어 행위를 강요하고 있었습니다. 깊이 뿌리내리지 못한 나무가 약한 바람에도 흔들려 뽑히듯이, 진실되고 깊은 믿음의 뿌리 없이 행위만을 강조했던 신앙은 결국 무너졌습니다. 거기에 공로의 교만함과 그에 따른 위선자들이 있었습니다. 행함의 공로 없이는 천국에 갈 수 없다고 주장했기 때문입니다. 그러나 **오류는 정확히 공로에 있었고 행위 속에는 그렇게 많지 않았습니다.**[09]

두 번째 변질: 복음에서 행위 제거하기!

복음은 또 다른 방식으로 변질되기 시작했습니다. 이제는 복음에서 행위를 완전히 제거해 버리는 방향으로 진행되었습니다. 행위가 완전히 제거된 복음은 정말로 싸구려 복음입니다. 이 복음은 더 기막힌 방식과

---

09 앞의 책, 26쪽.

완전히 다른 방식으로 변질되기 시작한 것입니다. 바울은 "당신은 믿음을 통하여 은혜로 구원을 얻었습니다. 이것은 당신에게서 난 것이 아니요, 하나님의 선물입니다. 행위에서 난 것이 아닙니다. 그러므로 아무도 자랑할 수 없습니다."(엡2:9-10)라고 설교했습니다. 그는 오직 믿음을 통해 은혜로 구원받는다고 말했습니다. 이 설교에 가장 심취한 자가 루터였습니다. 루터는 오직 믿음을 세우기 위해 노력했고, 새로운 율법으로 변한 복음을 개혁하고자 했습니다. 그의 노력이 결코 나쁜 것은 아닙니다. 복음이 변질되었다는 것은 확실히 깨달았던 것입니다. 그 자신도 그렇게 변질된 복음에 의해 시달리다가 결국 수도원에 들어간 것입니다.

　복음에 대한 이 또 다른 오류가 어떻게 들어왔을까 한번 생각해 보겠습니다. 이 오류는 행위를 강조한 것이 아니라, 문제가 되는 행위를 제거함으로 생겨났습니다. 물론 믿는 자는 오직 믿음으로만 구원을 받습니다. 거기에 어떤 행위도 존재할 수 없습니다. 그러므로 구원에 관한 한, 인간의 행위는 어떤 역할도 할 수 없습니다. 틀린 말은 아닙니다. 그러나 결국 그런 방식으로 기독교에서 행위가 제거되고 말았습니다. 바로 이것이 오류입니다. 그러나 우리는 정직하고 겸손하고 의로운 활동으로서의 행위를 간직해야만 합니다. 행위를 버리면 안 됩니다. 행위가 구원의 활동에 봉사하도록 해야 합니다. 믿음 안에서 행위를 살려야 합니다. 그럼에도 불구하고 이토록 중요한 행위가 어떻게 제거되고 말았는지, 한 예를 들어보도록 하겠습니다.

[10]어떤 나라가 전쟁을 하게 되었습니다. 한 사람이 자원하여 군에 입대합니다. 그는 전쟁터에 나가기 위해 많은 훈련을 받았습니다. 이제 그는 어디에 나가도 훌륭하게 전쟁을 수행할 수 있는 군인으로 잘 성장했습니다. 이제 그는 전쟁터로 나가야 합니다. 그러나 그의 상관에게 간곡히 부탁합니다.

"제가 전쟁터에 나가지 않도록 해 주십시오!"

상관은 갑작스러운 요청에 놀랍니다.

"이유가 무엇인가? 자네와 같이 잘 훈련된 군인을 전쟁터에 내보내는 것이 전쟁에서 승리하는 유일한 방법이다. 그러니 어서 준비하라."

전쟁터에 나가기 위해 자원해 들어온 자가 전쟁터에 나가기 원치 않는다니! 그 군인이 다시 말합니다.

"제가 전쟁에서 승리하고 돌아올 때, 그 행위가 저에게 공로가 되지 않도록 해 주십시오."

10　이후의 구절은 다음을 참고하라. 쇠렌 키르케고르, 《자기 시험을 위하여》, 26-7쪽.

잘 알려져 있듯이, 로마에서는 전쟁에서 승리하고 돌아온 군인들에게 개선행렬을 갖게 했습니다. 그때 많은 백성들이 나와 박수와 갈채를 보내며 전쟁 승리의 공을 군인들에게 돌렸지요.

이 군인에 대해 어떤 생각이 들었습니까? 공로를 극도로 싫어한 군인이 자신의 행위를 제거하기 간절히 원했던 예로 꾸며본 이야기입니다. 그러나 인간 본연의 마음을 들여다보십시오. 자신이 이룬 업적과 행위에 대해 인정받고 싶어하는 욕구는 누구에게나 있습니다. 꼭 물질적인 보상일 필요는 없습니다. 인정을 해 주기만 해도 됩니다. 바로 행위와 공로가 만나는 지점입니다. 인정! 가히 투쟁이라 이름붙일 수 있는 이 인정과 관련된 일이야말로 인간들이 항상 치르고 있는 본연의 전쟁인지도 모릅니다.

예수님께서 경험하신 이야기를 나눠 볼까요. 예수님께서 길을 가실 때 부자청년이 온 적이 있었습니다. 이 청년은 달려와 꿇어앉아 예수님께 묻습니다.

"제가 어떻게 하여야 영생을 얻겠습니까?"

먼저 십계명을 지키라고 말씀하시자, 그는 어려서부터 이 계명을 다 지켰다고 말합니다. 청년은 자신의 행위가 온전했다고 생각했을 수 있겠지요. 예수께서는 한 가지 부족한 것이 있다면서 재물을 다 팔아 가난한 자들에게 주고 당신을 좇으라고 말씀하셨습니다.

> 예수께서 길에 나가실새 한 사람이 달려와서 꿇어 앉아 묻자오되 선한 선생님이여 내가 무엇을 하여야 영생을 얻으리이까? 예수께서 이르시되 네가 어찌하여 나를 선하다 일컫느냐? 하나님 한 분 외에는 선한 이가 없느니라. 네가 계명을 아나니 살인하지 말라, 간음하지 말라, 도둑질하지 말라, 거짓 증언하지 말라, 속여 빼앗지 말라, 네 부모를 공경하라 하였으니라. 그가 여짜오되 선생님이여 이것은 내가 어려서부터 다 지켰나이다. 예수께서 그를 보시고 사랑하사 이르시되 네가 아직도 한 가지 부족한 것이 있으니 가서 네게 있는 것을 다 팔아 가난한 자들에게 주라. 그리하면 하늘에서 보화가 네게 있으리라. 그리고 와서 나를 따르라 하시니, 그 사람은 재물이 많은 고로 이 말씀으로 인하여 슬픈 기색을 띠고 근심하며 가니라.(막10:17-22)

이 이야기를 조금 각색해 보겠습니다. 부자 청년이 주님께 나와서 다음과 같이 말했다고 생각해 봅시다.

"저는 저의 모든 재물을 가난한 자들에게 나눠주지 않겠습니다! 만약 제가 그렇게 한다면, 그들은 분명히 모든 공을 저에게 돌릴 것입니다. 제 행위가 공로가 되지 않도록 해 주십시오. 물론, 제가 지금 구원을 받는다면 십자가에 달린 강도처럼 은혜로 구원받은 것이라는 것을 뼈저리게 깨닫습니다. 그러나 저의 재산을 팔아 주님의 나라를 위해 섬기는 이 행위가 공로가 되길 원하지 않습니다."

이 이야기에 대해서는 어떻게 생각하십니까? 이런 식의 행위 없음이 하나님께 기쁨이 된다 여겨지던 때가 있었습니다. **오직 믿음으로만 구원을 얻는다고 강조하면서 행위를 제거한 복음입니다.** 그러나 이것은 철저한 오해입니다. 루터조차도 이런 의미에서 말한 것이 아닙니다. 그 자신이 야고보서를 지푸라기 서신이라고 비난했고, 후세의 사람들 또한 루터는 믿음만을 강조하고 행위를 버린 자였다고 평가하지만, 루터도 그런 식으로 행위를 버린 것은 아니었습니다. 그러나 해를 거듭할수록 복음을 오해하는 세속정신이 나타나, 루터를 인용하면서 구원에 있어 행위는 전혀 주장할 수 없는 것처럼 말합니다. 구원의 조건에서 행위는 반드시 제거되어야 하는 것으로 말합니다. 이것은 복음의 또 다른 왜곡입니다. **행위를 버릴 것이 아니라 도리어 세워야 합니다.**

인간이 하는 모든 행위와 업적은 공로가 됩니다. 당신의 행위가 공로가 되는 것이 싫다면 모든 행위를 제거해야만 합니다. 행위를 제거하고 나면 공로의 위험한 괴물은 나타나지 않을 것이기 때문입니다.

거기에는 평화와 안식이 있고 안전이 보장됩니다. 오직 은혜로, 오직 믿음으로 구원을 받을 수 있다는 주장을 할 수 있지요. 혹시 당신도 이런 은혜를 추구했습니까? 이 복음은 옳습니까? 그러나 그 당시 바울이 이렇게 주장한 것이 아닙니다. 바울은 이런 복음을 전한 적이 없습니다. 그러나 바울이 "믿음을 통하여 은혜로 구원을 얻는다."고 한 말을 오해한 자들이 있었습니다. 그러나 당신은 이런 변질된 복음에 격동하지 마십시오! 이 복음이야말로 가장 심각하게 부패되고 변질될 수 있다는 것을 명심하십시오. **복음에서 공로와 함께 행위를 제거하는 것은 마치 아기를 목욕시킨 후 목욕한 물과 함께 아기까지 버리는 것과 같습니다.**

제가 지금까지 복음의 변질에 대해 두 가지로 말씀드렸습니다. 행위를 강조했던 변질과 행위를 제거한 변질입니다. 행위를 제거한 시대에는 아무리 분별있는 사람이라도, 많은 신학자들이라도, 오직 은혜로만 구원을 얻을 수 있다는 단 하나의 생각에 몰입되어 있었고, 결국 이것이 그 시대의 요구사항이었습니다. 인간들은 당대의 요구에 따라, 행위가 공로가 되지 않도록! 바보스럽게도 행위를 버려왔던 것입니다.

나눔 질문

1. 천지는 없어지겠으나 그리스도의 복음은 없어지지 아니합니다.(마 23:35) 그럼에도 불구하고 오늘날 복음이 변질되는 이유는 무엇일까요?

_____

_____

_____

우리가 믿음이 좋다고 말하지만 옛 선진들만 못하고, 우리가 바르게 산다 하여도 옛 종들만 못한 것은 점점 인생이 하나님을 만홀히 여기기 때문입니다. 그것은 인간의 과학과 문명이 발달하고 따라서 인간의 힘을 의지하는 데 있습니다.

복음의 변질이란 이와 같이 세상과 접함으로 생기는 타락입니다.

다시 말하면, 복음의 순수한 진리가 세상의 편리를 따라 인간에게 맞추어 인간에게 기준이 되어 풀이되고 또한 그 믿음이 온전하지 못한 이유입니다. 복음의 절대성은 타협이나 절충이 없고, 오직 하나님의 뜻을 우리 인간에게 관철시켜 이루어지므로 우리는 온전히 성경을 지켜야 합니다.

2. 복음은 두 가지 면에서 변질되었습니다. 첫째는 복음이 다시 새로운 율법이 된 것이요. 둘째는 복음에서 행위를 제거한 것입니다. 나의 삶 가운데 이러한 변질된 복음을 적용하지는 않았는지 이야기하여 봅시다.

_____

_____

_____

하나님의 말씀을 자기 것으로 도용하거나, 자기 유익의 도구로 삼거나, 사람을 속이기 위한 목적으로 변질시키는 자는 결코 하나님 앞에 설 수가 없습니다.

3. '복음이 새로운 율법이 된 변질'과 '복음에서 행위를 제거한 변질' 외에 복음을 변질시키는 원인에는 무엇이 있는지 이야기하여 봅시다.

_____

_____

_____

복음의 변질은 교회 안에 하나이신 하나님을 말하지 아니하고 다른 것을 말할 때에 생깁니다. 즉 종교 및 사상의 다원화와 신앙이 타협할 때 복음이 변질됩니다. 교회 안에 세속주의도 복음을 변질시키는 원인입니다. 세상의 안락과 안위를 좇는 다수의 모임을 따라 교회의 방향이 세속화될 때 하늘의 기쁨은 작아지고 땅의 기쁨은 더하여 복음의 본질적 역할은 사라지게 됩니다. 잘못된 신학의 흐름이 거둔 학문적 성과에 비하여 복음이 잃어버린 진리와 영적 순수함은 너무나 큽니다. 이 또한 복음이 변질되는 주요 원인입니다.

03

행위와 공로

"이와 같이 너희도 명령 받은 것을 다 행한 후에 이르기를,
우리는 무익한 종이라 우리가 하여야 할 일을 행한 것뿐이라 할지니라."(눅 17:10)

[11]루터가 올바른 믿음을 세우겠다고 나선 후에 무슨 일이 일어났습니까? 기독교인이라는 이름을 갖기 원하면서, 가능하면 싼 비용을 들여 기독교인이 되기 원하는 세속적인 사고방식이 싹이 텄습니다. 이 세속정신은 루터를 알고 있었습니다. 세속정신은 루터가 한 말을 확실히 들었습니다. 세속정신은 안전을 위하여 다시 한 번 들었습니다. 그리고 세속정신은 말했습니다.

"훌륭하군! 이것은 우리에게 대단한 것이야. 오직 믿음으로만

---

11 이후의 구절은 다음을 참고하라. 쇠렌 키르케고르, 《자기 시험을 위하여》, 28-30쪽.

구원을 얻는 거야."

이렇게 루터의 해석자들에 의해 복음이 변질된 것입니다. 제가 볼 때, 루터의 삶은 행위였습니다. 그의 삶이 행위를 표현한다고 스스로 말하지 않습니다. 더구나 죽은 자는 말이 없습니다. 후대의 루터의 해석자들이 그의 말과 교리를 가져왔습니다. 그리고 지금에 이르렀습니다. 우리는 이 교리 덕분에 모든 행위로부터 자유롭게 되었습니다. 행위는 위험합니다. 그것은 너무나 쉽게 공로로 연결되기 때문입니다. 루터는 시대의 오류를 수정하기 위해 시대와 발맞추어 가야 했습니다. 우리는 어떻습니까? 우리도 그렇게 시대에 맞게 살아가지 않습니까? 이 모든 상황이 우리가 처한 현실입니다. 어쨌든, 지금까지 논의한 내용을 정리하면 다음과 같습니다.

하나님께서 창조하신 이성적 인간은 자신을 바보로 만들지는 않는 것 같습니다. 그래서 그는 자신의 이성으로 면밀히 관찰합니다. 자신의 업적을 내세우고, 받을 수 있는 보상을 계산하지요. 만약 어떤 일이

> 사람들은 공로가 있는 곳에서는 행위를 말하지만,
> 믿음이나 은혜를 강조해야만 할 경우에는 가능한 한,
> 행위로부터 자유롭게 되길 바라는 경향이 있다.

행위가 되어야 한다면 이미 공로를 생각합니다. 그것은 아주 자연스러운 일입니다.

부자 청년이 그의 재물을 가지고 많은 가난한 사람들을 섬겼다면, 사람들은 그 공을 누구에게 돌리겠습니까? 만약 부자 청년에게 공을 돌리지 않은 자가 있었다면, 그는 감사도 모르는 금수만도 못한 자라는 말을 들었을 것입니다. 전쟁에 나간 군인이 용기와 결단과 희생으로 전쟁을 승리로 이끌었다면, 사람들은 그 공을 누구에게 돌리겠습니까? 만약 그 군인에게 공을 돌리지 않는다면, 그 역시 사람도 아닙니다. 인간의 이성은 이렇듯 똑똑하여 행위가 있는 곳에서는 항상 공로를 찾습니다. 바로 이것이 복음이 세속적 사고방식으로 바뀌는 첫 단계입니다.

제가 사역했던 교회에서도 이런 일들이 벌어지곤 했습니다. 목회자들뿐 아니라, 직분을 맡은 자들까지 자신이 교회에서 행한 일들을 성도 앞에서 인정받고 싶어 합니다. 저도 예외가 아닙니다. 설교를 마치고 강단에서 내려오면 성도들의 표정부터 살피게 됩니다. "은혜받았다."고 말씀해 주시면 기분이 좋아집니다. 지극히 인간적인 반응이기에 세상에서는 당연한 것일 수도 있습니다. 그러나 이런 마음은 이미 시험에 빠진 것이나 다름없습니다.

바울이 목회하는 현장에서 이런 영적 투쟁은 날로 심화되었습니다. 즉, 어떤 이들은 투기와 분쟁으로 복음을 전하기도 했습니다.(빌1:15) 이들이 얻기 원했던 것은 바울의 명성과 인기였던 것 같습니다. 그들은 그리스도와 함께 고난을 받으려하기는커녕, 자신들의 행위를 인정받기 원했습니다. 그러나 이 모든 것을 한 마디로 요약하면 십자가의 원수로 행하는 것이 아닙니까?(빌3:18) 예수님께서 그런 명성을 좇았습니까? 바울이 그런 명성을 좇았습니까?

이렇게 복음을 이용해 자신의 성공을 도모하는 자들이 우리 사회에도 있다고 생각합니다. 가장 조심해야 할 자들이 저를 비롯한 목회자들일 것입니다. 복음을 전하면서 자신의 성공을 보장받고 싶어 할 때, 그것은 세상적인 생각이며 타락의 지름길로 가는 것입니다. 바로 여기에 행위와 공로의 문제가 숨어 있습니다. 세상에서 업적을 남기고 그에 대한 정당한 인정과 보상을 요구하는 것은 지극히 인간적인 것이지요.

전쟁터에 나가 적과 싸우다 불구가 된 상이군인에게 적절한 보상을 해 주는 것은 당연한 것 아닙니까? 그러나 복음에서는 다릅니다. 복음은 믿는 자의 성공을 보장해 주지도 않을뿐더러 그의 어떤 공로도 인정하지 않습니다. 그렇기 때문에 복음이 세상보다 더 엄해 보일 수 있습니다. 그럼에도 불구하고 이런 복음이 어떻게 은혜인가를 해명하는 것이 저의 과제입니다.

이런 상황에서 어떤 일이 은혜가 되어야 한다면 무엇이 요구될까요? 행위로부터 벗어나길 요구받습니다. 은혜라고 하는 것은 어떤 공로도 없이, 그저 값없이 주어져야 하는 것이기 때문입니다. 즉, 은혜는 선물로만 주어집니다. 행위를 따진다면, 그것은 은혜일 수 없습니다. 행위는 언제나 그렇게 공로로 연결되기 때문입니다. 그러므로 은혜를 생각해야 하는 곳에서 행위를 조금이라도 말한다면, 그는 은혜를 은혜답지 못하게 만드는 사람입니다. 즉, 은혜 앞에서 행위는 괴물입니다. 행위는 위험합니다. 행위는 제거되어야 합니다. 그러나 **행위가 되면서 그럼에도 불구하고 은혜가 되어야 하는 것이 있다면, 그것은 정말로 어리석은 것입니다!**

맞습니다. 정말로 어리석은 것입니다. 그러나 바로 그것이 진정한 기독교가 될 것입니다. 기독교의 요구조건은 이것입니다: **당신의 삶은 최선을 다하여 행위를 표현해야만 한다. 그때, 한 가지 더 요구된다. 당신은 자신을 겸손히 낮추고 고백해야 한다. "그러나 내가 구원받게 된 것은**

> 행위와 은혜를 동시에 주장하는 것은 어리석은 것처럼 보인다. 그러나 이것이 기독교다!

그럼에도 불구하고 은혜이다."[12]

이 말이 무슨 뜻인지 잘 이해가 안 될 수도 있습니다. 그러나 조금만 참고 말하기를 더디 하십시오(약1:19). 다시 "인정투쟁"에 대한 이야기로 돌아가겠습니다.[13] 거의 모든 사람들이 인정받고 싶어 합니다. 무엇을 인정받고 싶어 합니까? 자신의 행위입니다. 자신이 잘했던 일에 대한 행위, 업적에 대하여 칭찬을 듣고 싶어 합니다. 그렇기 때문에 행위에 대한 공로를 추적하여 그에 합당한 지위를 부여해 주는 것은 인간적인 일이라고 말씀드린 바 있습니다.

그러나 제 생각에 복음에서의 **은혜는, 공로와 반대되지만 행위와는 반대되지 않습니다.** 당신이 진정 크리스천이라면, 행한 모든 행위도 은혜로 포함되어야만 합니다. **모든 사람이 당신의 업적, 행위에 대한 공로를 당신에게서 찾을지라도(이것은 당연한 것입니다), 당신은 공로를 하나님께 돌려 드려야 합니다.** 당신이 한 것이 아니라 하나님의 은혜에 의한 선물임을 고백해야 합니다. 만약, 부자 청년이 전 재산을 다 나눠 줬다면, 아마도 사람들은 그 공을 부자청년에게 돌릴 것입니다. 그때 부자청년은 재빨리 고백해야 합니다.

---

12 쇠렌 키르케고르, 《자기 시험을 위하여》, 30쪽.

13 Francis Fukuyama, 《역사의 종말》 이상훈 역 (서울: 한마음사, 2007), 15쪽. 헤겔의 철학적 사유에 의하면 역사를 움직여 가는 힘이 인정투쟁이다. 즉, 인정투쟁은 역사 발전의 원동력이다. 그러나 키르케고르에서 이런 운동은 배제된다.

"아닙니다. 그것은 하나님의 은혜로 된 것입니다. 제가 한 것이 아닙니다. 그저 종이 하여야 할 일을 한 것뿐입니다.(눅17:10)"

그러나 이것은 가장 어려운 기술입니다. **자신이 만들어 놓은 업적, 행위가 있음에도 불구하고 그것을 아무것도 아닌 것처럼 볼 수 있는 눈은 행복합니다.** 물론, 이것은 입술의 고백이 아니라 마음의 고백이어야 합니다.

복음을 가장 기만적으로 사용하는 것이 무엇인지 아십니까? 어떤 사람보다도 더 타락한 방식으로 복음을 사용하는 것! **그것은 행위로부터 자유롭게 되기 원할 경우에만 은혜를 적용시키는 것입니다.** 행위를 제거했기 때문에 그들은 하지 않았던 행위를 공로로 간주하는 시험에는 빠질 수 없을 것입니다. 행위를 제거했기 때문에 공로가 있을 수 없었고, 행위를 공로로 간주하는 시험은 존재할 수 없었던 것입니다. 그들의 공식은 다음과 같습니다.

> 자신이 자랑할 수 있는 모든 행위를 제거한다!

루터는 행위에서 '공로'를 제거하기 원했습니다. 그러나 그것들은 다소 다른 방식으로 적용되었습니다. 즉, 진리의 증인 된 삶으로, 믿음의 영웅들의 삶으로 적용되었던 것입니다. 그러나 세속적인 복음은 루터를 완벽하게 이해하였는바, 공로를 포함하여 행위를 함께 제거했습니다.

> 행위는 공로가 아니라 은혜이며,
> 참된 크리스천은 그의 행위에서 어떤 공로도 주장하지 않는다.

이미 말했다시피, 일반적으로 사람들은 자신이 잘 한 일에 대하여 그 원인을 외부로 돌리는 것이 아니라 그 공을 자신에게 찾고 싶어 합니다.[14] 그러나 일이 어렵게 되고 좋지 않은 방향으로 흘러가면 그때는 원인을 외부로 돌리려 합니다. 베드로가 생각나는군요. 베드로는 제자들과 예수님께 그토록 인정받고 싶어 했습니다. 그는 자신을 드러내기를 좋아했습니다. 제자들 사이에서도 자신이 어떤 공을 세우고 있는지 항상 주님께 칭찬받고 싶어 했습니다. 그러나 잘못한 일, 예수님을 배신하고 떠난 일과 같은 것에는 자신을 감추기에 급급했습니다.

---

14 김성국, 《조직과 인간행동》 (서울: 명경사, 2004), 90. 사람은 자기가 잘한 일에 대하여 자기 내적 요인에 의해서 그렇게 된 것으로 생각하는 경향이 있다. 이것은 일종의 자기기여(self-serving bias)의 오류일 것이다.

사람을 움직이는 힘이 칭찬이라고 어떤 학자는 말합니다.[15] 그러나 칭찬이라고 하는 것도 따지고 보면 위대한 업적(행위)을 남긴 자에게 모든 공을 돌리고 있는 것입니다. 칭찬을 받은 자는 자존감이 올라가고 타인에게 더 인정받기 위해 열심히 일한다는 것입니다. 그러나 이것도 어떤 의미에서 칭찬이 독이 된다는 것을 몰랐던 것입니다.[16]

예를 들어, 직장에서 한 팀이 되어 큰 프로젝트를 성공시킬 수 있습니다. 그러나 팀 리더만이 칭찬과 보상을 받았다면 내부적으로는 어떤 일이 벌어질까요? 또한 팀 리더는 자기가 칭찬과 보상을 받은 것을 당연한 것으로 여깁니다. 즉, 그는 혼자 공을 독식한 것입니다. 아마도, 다음 프로젝트에 부하직원들은 절대로 협력하지 않을 것입니다.

어떤 방법으로라도 공로의 인정과 칭찬이 사회적으로 독이 될 수 있음을 명심하십시오. 그러나 다음 상황을 가정해 봅시다. 만약 모든 공을 독식한 자가 나와서 다음과 같이 말합니다.

"이 업적은 제가 이룬 것이 아닙니다. 제 능력으로 이뤄진 것이 아니라, 같이 고생했던 동료들 덕분입니다. 그뿐 아닙니다. 더 엄밀하게 말한다면 이 모든 것은 하나님의 은혜로 된 것이며, 이 모든 공을 받으실

---

15 《칭찬은 고래도 춤추게 한다》의 저자인 켄 블랜챠드(Ken Blanchard)를 말한다.

16 EBS 다큐프라임, 10부작 학교란 무엇인가에서 6부 "칭찬의 역효과"에서 방송된 적이 있다.

분은 오직 하나님 한 분밖에 없다는 것을 고백합니다."

제 생각에, 크리스천이라면 사회생활을 원만하게 하기 위해서라도 세상이 인정해 주는 공로도 당신이 받을 만하다고 생각하지 않는 것이 좋습니다.

크리스천이십니까? 당신이 쌓은 업적, 당신이 만든 모든 행위에 대한 결과를 타인에게 인정받고 싶습니까? 그렇다면, 당신은 이미 시험에 빠져 있으며 바리새인처럼 자기 상을 이미 받을 준비가 되어 있습니다.(마 6:2) 혹시 누군가 당신에게 칭찬이라도 할 것 같으면, 잽싸게 그 칭찬을 자신의 것으로 돌려놓기에 바쁠 것입니다. 그러나 당신이 크리스천이라면, 바로 하나님께 이 모든 공을 올려드리십시오! 당신의 공로가 되지 않도록. 그리고 빨리 다음의 말씀을 생각하십시오.

"이 모든 행위의 결과는 오직 하나님의 은혜이셨음을 고백한다. 내가 한 것이 아니다. 나는 무익한 종일뿐이다. 나는 내가 하여야 할 일을 한 것뿐이다.(눅17:10)"

나눔 질문

1. 루터는 성경에 어긋난 가르침들을 거부하고, 성경에 근거한 바른
   믿음을 세우기 위하여 종교개혁을 일으켰습니다. 그러나 루터의
   종교개혁 이후 세속적인 믿음의 사고방식은 복음을 어떻게
   변질시켰습니까?

   자기가 종교를 가졌다는 것은 그 종교의 양식을 따른다는 것을
말합니다. 우리가 그리스도께 대한 믿음을 가졌다는 것은 그가
요구하는 성경의 많은 말씀들을 순종하고 그렇게 지킨다고 약속하고
행하는 것입니다.

2. 복음을 가장 기만적으로 사용하는 것은 "행위로부터 자유롭게 되기를 원하는 경우에만 은혜를 적용시키는 것"입니다. '행위와 은혜'와 관련한 성경의 바른 요구 조건은 무엇일까요?

_____

_____

_____

_____

주 예수를 믿는다는 것 그것은 우리가 지켜야 할 모든 유전적 범례를 간소화하였으나, 하나님을 섬기는 그 진심과 여러 가지 마땅히 해야 할 일들을 우리에게 제시하고 있습니다. 우리가 주를 믿기에 해야만 하는 것들, 그러한 것들을 실천하지 않고 "나는 예수를 믿는다."라는 것은 거짓 시인(是認)입니다.

3. 우리 가운데 복음을 이용하여 나 자신이 사람들로부터 '명성과 인정'을 누리고 나 자신의 성공을 도모하고자 하는 마음은 없었는지, 또는 "오직 믿음으로만 구원을 얻는다."라는 귀중한 진리를 핑계로 자신의 허물과 죄를 정당화한 적은 없었는지 이야기 나누어 봅시다

_____

_____

_____

　실천하지 않는 믿음은 참된 믿음이라 할 수 없습니다. 그 행위로는 부인하는 것이기 때문입니다. 우리는 그 행위도 하나님 앞에 인정받아야 하겠습니다. "말씀이 육신이 되어 우리 가운데 거하셨다."라는 성경의 신학적인 이 한 마디가 말하듯, 우리의 믿음은 마음에 가지고만 있다고 해서 믿음이 아니라 많은 증거와 역사를 가지고 주의 뜻을 이루어야만 합니다.

04

격동하기

"그러므로 나의 사랑하는 자들아, 너희가 나 있을 때뿐 아니라 더욱 지금 나 없을 때에도 항상 복종하여 두렵고 떨림으로 너희 구원을 이루라."(빌 2:12)

우리는 복음이 어떤 과정을 거쳐 변질되어 왔는지를 살펴보았습니다. 야고보 사도가 강조했듯이 행함이 없는 믿음은 죽은 믿음입니다.(약2:26) 믿음이란 행위 앞에 섰을 때, 격동하게 됩니다. 그러나 우리 안에 믿음의 격동함이 얼마만큼 있습니까? 또한, 하나님의 말씀 앞에 선다는 것은 얼마나 두려운 일입니까? 당신은 말씀을 지켜 행할 수 있다고 확신할 수 있습니까? 그러나 저는 확신할 수 없습니다. 우리가 다시 아브라함을 생각해 보기 원합니다.

"우리 조상 아브라함이 그 아들 이삭을 제단에 바칠 때에 행함으로 의롭다 하심을 받은 것이 아니냐? 네가 보거니와 믿음이 그의 행함과 함께 일하고 행함으로 믿음이 온전하게 되었느니라. 이에 성경에 이른바 아브라함이 하나님을 믿으니 이것을 의로 여기셨다는 말씀이 이루어졌고 그는 하나님의 벗이라 칭함을 받았나니 이로 보건대 사람이 행함으로 의롭다 하심을 받고 믿음으로만은 아니니라.(약 2:21-24)

아브라함이 겪은 시험은 일반적인 의미에서의 시험(temptation)이 아닙니다. 세상 사람들은 윤리를 따를 것이냐 자신의 욕망을 따를 것이냐 사이에서 갈등합니다. 윤리는 계속 말합니다. "이미 배우자가 있는 사람이 다른 사람을 탐내는 것은 간음이다!" 그러나 욕망은 계속 유혹합니다. 바로 이것이 일반 사람들이 겪는 시험이라면, 아브라함의 영적인 시험(spiritual trial)은 윤리를 지킬 것인지, 하나님의 명령을 따를 것인지에 대한 시험입니다. 바로 믿음의 시험입니다. 물론, 믿음의 시험이 윤리문제와 항상 대척점에 있는 것은 아닐 것입니다. 그럼에도 불구하고, 믿음의 사람에게 오는 영적 시험은 우리가 이해할 수 없는 영역에 있다는 것을 말하려고 합니다.

우리의 삶은 해석하려 해도 해석할 수 없는 경우가 많습니다. 인생은 수수께끼입니다. 바로 이런 이유로 믿음의 시험은 이해를 초월하는 곳에 있다고 말해야 합니다. 그러므로 믿음은 우리가 이해하지 못하는 곳에서 보기 시작합니다. 그래서 믿음은 격동하게 되어 있습니다. 오히려 격동하는 믿음이 없기 때문에 문제가 생기는 것입니다.

"믿음은 바라는 것들의 실상이요, 보이지 않는 것들의 증거니"(히 11:1)

말씀의 무한한 요구조건 앞에 선 믿음, 행위 앞에 선 믿음은 격동할 수밖에 없습니다. 하나님이 말씀하신 요구조건은 감당할 수 없기 때문에 더욱 격동합니다. 남녀가 사랑에 빠지면 격동하듯이, 믿음은 격동해야 합니다. 아브라함은 자식을 바치라는 하나님이 이해되지는 않습니다. 그러나 그 길을 갈 수 있는 것은 믿음밖에 없습니다. 세상에서는 그를 살인자라고 할 것입니다. 사랑하는 아들을 향해 칼을 빼든 아브라함을 생각해 보십시오! 그때, 그는 자신의 죽음을 경험한 것은 아닐까요? 차라리 자신이 죽는 것이 더 나을 것입니다. 믿음은 격동해야 합니다.

사람들은 언제 시험에 빠집니까? 사람들은 일반적으로 자신의 필요 혹은 자신의 비전을 이루려 하다가 시험에 빠집니다. 매 순간마다 그들은 자신의 비전을 이루기 위해 열심히 애를 쓰고 있습니다. 또한,

수많은 사람들도 그들 각자의 비전을 이루기 위해 분투하고 있습니다. 학자는 학자의 비전을, 예술가는 예술가의 비전을, 사업가는 사업가의 비전을, 비난하는 자는 그의 것을, 빈둥거리는 자도 그의 것을 이루려 합니다. 누구나 자신의 비전과 사업을 돌보기 위해 바쁩니다. 이루어야 할 다양한 비전을 놓고 자신의 사업을 돌보는 게임에 빠져 있습니다. 사람들은 자신의 비전을 이루기 위해, 자신의 사업을 성공적으로 이끌기 위해 열심히 노력하고 있지만, 이 모든 일이 뜻대로 되지 않았을 때, 그들은 절망하게 되어 세상의 많은 짐을 지게 됩니다. 그때 시험에 빠지게 됩니다.

그러나 믿음의 시험에 빠진 자는 다릅니다. 아브라함을 생각해 보십시오. 그는 세상의 바쁜 사람들과 가장 멀리 떨어진 곳에 있습니다. 그는 세상의 사업에 바쁜 것이 아니라 무엇인지 모를 시험에 빠져 골방에 들어가 있습니다. 비유적인 표현이지만 정말로 그는 자기 자신과 함께 있을 뿐입니다. 그는 하나님께로부터 받은 시험을 누구에게도 말할 수 없었습니다. 아내 사라에게도 고백할 수 없습니다. 그는 홀로 하나님 앞에 나가야 합니다. 그리고 시험에 1년 동안 노출되어

> 1년 동안의 시험에의 노출도, 영적 시험의 단 한 시간과 비교할 수 없다!

있다할지라도 영적인 시험에의 단 한 시간의 노출과도 비교할 수 없습니다![04]

영적 시험은 그만큼 심각합니다. 바로 이 자리에서 아브라함이 이삭을 바칩니다. 그는 세상의 유혹에 빠진 것이 아닙니다. 오히려 가장 멀리 떨어져 있습니다. 자녀를 사랑하는 것은 아버지의 도리입니다. 그러나 그는 자녀를 죽이려 합니다. 이것은 십계명에도 어긋나는 행동입니다. 그러나 아브라함은 그 길을 가야 합니다. 그 고독한 사람이 거기에 앉아 있는 상태입니다.

아니, 그는 서성이고 있습니다. 우리 안에 갇혀 으르렁거리는 사자처럼 그렇게 서성이고 있습니다. 그러나 그를 가두어 놓은 것은 놀랄 만합니다. 하나님입니다. **하나님에 의해서 그는 자신 안에 갇혔습니다.**[05]

영적 시험으로 고통당하고 있는 사람은 그 모든 것을 현실적인 것들로 바꾸어야 합니다. 당신은 그가 그것을 즐긴다고 생각합니까? 아브라함이 기쁨으로 이삭을 바쳤다고 생각하고 있습니까? 기쁨으로 소리 지르며 이와 같은 길을 걷고 있는 어떤 사람도 결코 부르심을 받지 않았다는 것은 확실하니 믿어도 좋습니다. **부르심을 받은 사람들은**

---

04 쇠렌 키르케고르,《자기 시험을 위하여》, 36쪽.

05 앞의 책, 36쪽.

모두 영적 시험이 면제되기를 구했습니다. 두려움과 떨림으로 자신의 길을 갔습니다.(빌2:12)

아이들이 부모님에게 잘못을 한 번만 봐 달라고 빌 듯, 자신을 위해 탄원하며 하나님께 간청해야만 했습니다. 어린 아이처럼 한 번만 봐 달라고 애원하거나 이 시험으로부터 면제되기를 희망할지라도 도움이 되지는 못했습니다. 그는 계속 가야만 합니다. 하나님께서 그를 그 자리에 몰아넣었기 때문입니다.

그러므로 아브라함은 지금 이 단계를 갈 때 두려움이 올라올 것이라는 것을 압니다. 두려움이 올라올 때, 부르심을 받지 않은 자는 깜짝 놀라게 되고 돌이켜 도망을 칩니다. 그는 절대로 두려움의 길을 선택하지 않습니다. 그러나 부르심을 받은 자들, 그는 두려움 앞에 떨면서 오히려 돌아옵니다.

하지만 그가 도망쳤던 곳에서 돌아오자마자 그는 봅니다. 그는 그 뒤에 훨씬 더 큰 두려움이 몰려오는 것을 봅니다. 그러나 되돌아갈 수 없습니다. 또한, 영적 시험의 두려움을 봅니다. 그럼에도 앞을 향해 나아가야 합니다. 자, 지금 그는 완전히 잠잠해 있습니다. 왜냐하면 영적 시험의 두려움은, 만만치 않은 규율가이기 때문입니다. 가까우면서도 멀게 주어진, 현실성에 속해 있던 모든 것은 영적 시험 가운데 있는 이 사람을 대항하여 무장을 합니다.

그럼에도 불구하고 영적 시험 가운데 있는 자를 위협하는 것은 불가능합니다. 충분히 이상하게도 그는 하나님을 매우 두려워하고 있기 때문입니다. "몸은 죽여도 영혼은 능히 죽이지 못하는 자들을 두려워하지 말고 오직 몸과 영혼을 능히 지옥에 멸하시는 자를 두려워하라."(마10:28)고 하신 이의 말씀을 기억하기 때문입니다. 이때, 모든 것은 그를 공격합니다. 그를 미워하고 그를 저주합니다. 그에게 충성스러웠던 몇몇 사람들은 소리 지릅니다.

"조심하십시오! 당신은 당신 자신과 당신 주변에 있는 모든 사람을 불행하게 하고 있습니다. 지금 중지하세요. 두려움을 더 강하게 만들지 마세요. 당신 입술에 있는 말을 절제하시고 방금 전 당신이 말했던 것을 취소하세요."

⁰⁶오, 그러나 믿음은 격동하는 것입니다. 기독교적인 관점에서 두 가지 믿음의 격동함이 있습니다. **하나는 믿음의 영웅과 진리의 증인들의 격동함, 다른 하나는 영적 성숙(inward deepening)으로서 격동함입니다.**

첫째로, 믿음의 영웅으로서, 진리의 증인으로서 격동하는 것을

---

06 이후의 구절은 다음을 참고하라. 쇠렌 키르케고르, 《자기 시험을 위하여》, 37-46쪽.

생각해 봅시다. 이것은 모든 것을 있는 그대로 개혁하는 것을 목표로 하고 있습니다. 이 증인들은 믿음을 따라 살다가 순교한 자들입니다. 저는 결코 이것을 감당한 적이 없습니다. 이것은 저를 위한 것이 아닙니다. 앞으로도 제가 이것을 감당하리라 확신할 수는 없습니다. 저의 동시대인들 중 어떤 사람이 그렇게까지 감당하기 원한다면, 저는 그가 합법적인지 아닌지를 명확히 따지기 위해 나서게 될 것입니다.

둘째로, 영적 성숙으로서 믿음의 격동함에 대하여 생각해 봅시다. 사랑에 빠지게 된 사람은 격동하게 됩니다. 사랑은 격동하는 것입니다. 그의 삶에 엄청난 변화를 가져와, 그의 기반을 흔들어 놓을 수 있습니다. 그러나 사랑에 빠진 사람은 결코 상대에게 변화를 강요하거나 바꾸기 위해 시도하지 않습니다. 이처럼 영적 성숙을 향한 믿음도 격동하고 있습니다. 그러나 강요하지는 않습니다. 저는 후자와 관련해 말씀드리고자 합니다.

우리들에게 매우 존경받는 목사님들이 있습니다. 목사님들은 시대가 요구하는 것과 그의 인격이 스스로 요구하는 것을 근간으로 하여 설교하고 있습니다. 가장 엄밀한 의미에서의 크리스천이 되기를 요구하는 어떤 사람들이 우리 중에 있습니다. 크리스천이 되기 위해 지켜야 할 규율이라고 생각해도 좋을 것입니다.

우선 제 자신을 돌이켜 볼 때, 이와 같은 것에 저를 연관시킬 수 없습니다. 왜냐하면 저는 제 자신이 그 표준에 맞지 않는다고 생각합니다. 그런 요구를 하는 사람들과 저 자신을 연결시켜 크리스천이 되기에는, 제 자신이 너무나 부족한 사람입니다. 저는 말씀도 제대로 지키지 못하면서 목사가 되었습니다.

저는 권위가 없는 사람입니다. '권위 없이' 당신에게 말씀드리고 있습니다. 우쭐해서 제 자신을 진리의 증인으로 세우는 것 대신에, 다른 사람들을 성급하게 같은 위치에 놓기를 원하는 것 대신에, 저는 도달해야 할 이상들을 활용하여 영향을 끼치려 하는, 한 권위 없는 시인일 뿐입니다. 이제부터 믿음의 영웅들에 대해 말하게 될 것입니다. 아마도 당신은 자신을 크리스천이라고 불렀을 것입니다. 좋습니다. 그러면 당신은 모든 것 중에서 가장 확실한 것, 그러나 또한 가장 불확실한 것인 죽음이 어느 날 당신에게 찾아올 것이며 당신이 곧 죽게 될 것이라는 것을 압니다. 그렇지만 당신은 크리스천입니다. 결과적으로 당신은 어떤 믿음의 영웅이나 진리의 증인들처럼 똑같이 복 받게 될 것이라는 것을 믿고 있으며 또한 바라고 있습니다. 그렇습니까?

그럼에도 불구하고 그 믿음의 영웅들과 진리의 증인들은 완전히 다른 표준에 의하여 크리스천이 되는 것을 선택해야만 했습니다.

그러므로 권위를 갖고 있는 어떤 사람이 다른 방법으로 당신에게 말할 것입니다. 그는 공포감을 조성하며 말합니다.

"이 믿음의 증인들과 비교할 때, 당신은 무엇을 했는가? 당신은 크리스천이 되는 것에 대해 착각하고 있군."

그는 믿음의 영웅들의 삶을 살아야 함을 강조할 것입니다. 당신이 지옥으로 향하는 여행길에 오르고 있다고 말할지도 모릅니다. 저는 그가 과장하고 있다고 말하지는 못합니다. 권위가 없는 저는 당신에게 이렇게 말할 수도 없습니다.

"나는 당신이 믿음의 영웅이나 진리의 증인들처럼 똑같이 많은 복을 받을 것이라고 믿습니다!"

그러나 당신에게 이것은 말하고 싶습니다. 당신의 삶과 믿음의 영웅의 삶을 나란히 놓고 생각해 보십시오! 믿음의 영웅들이 희생해야 했던 것을 생각해 보십시오! 모든 것을 희생한 그가 시작에서부터 희생하기에 가장 어려웠던 것, 마침내 희생하기에 가장 어려웠던 것으로 판명이 난 것을 생각해 보십시오! 그가 고통받았던 것을 생각해 보십시오! 얼마나 고통스러웠을지. 고통이 얼마나 끝없이 계속

되었는지?

그들은 조롱을 받기도 하고, 채찍으로 맞기도 하고, 심지어는 결박을 당하기도 하고, 감옥에 갇히기까지 하면서 시련을 겪었습니다. 또, 그들은 돌로 맞기도 하고, 톱질을 당하기도 하고, 칼에 죽기도 하였습니다. 그들은 양과 염소의 가죽을 입고 떠돌며 궁핍과 환난과 학대를 받았습니다. 세상은 이런 사람들을 받아들일 만한 곳이 못 되었습니다. 그래서 광야와 산과 동굴과 땅굴을 헤매며 다녔습니다.(히11:36~38)

아, 그러나 당신! 사랑스러운 집에서 당신이 행복한 삶을 살고 있다면, 마음을 다하고 목숨을 다하고 뜻을 다하여 하나님을 사랑하듯이, 당신의 아내가 온 마음을 다하여 당신에게 헌신하고 있다면, 당신의 아이들이 당신에게 기쁨을 주고 있다면, 휴일에 호수와 잔디밭 주변을 거닐며 산책할 여유를 갖고 있다면, 그때 이러한 평화 가운데 매일 살아가는 삶은 무엇을 의미하는가 생각해보십시오. 이것이 당신의 매일의 삶이라는 것을 생각해 보십시오. 그리고 그때 진리의 증인들의 삶을 생각해보십시오. 당신의 삶이 매일의 고요한 기쁨이라면, 아, 믿음의 영웅들의 삶은 매일이 고통스러운 수난이었습니다. 그들은 허구한 날 고통을 당해야 했습니다! **그때, 당신은 죽었을 뿐만 아니라**

또한 동일하게 복을 받은 것입니다. 맞습니까?

그때, 당신은 믿음의 영웅들의 삶을 잊지 말아야 할 것입니다. 그러나 행복한 은둔 속에서 삶의 기쁨을 누릴 수 있다면, 타인의 눈에 띄지 않은 채 산책할 수 있고 그곳에서 자신을 돌아볼 기회가 있다면, 투명 인간처럼 은둔해 살면서 사람들의 선한 면을 쉽게 구별할 기회가 있다면, 군중들 틈 속에 있을 때조차도 사람들의 호의와 도움을 볼 수만 있다면, 당신이 다른 사람에게 도움을 베풀 기회를 찾았으며, 실제로 당신 자신이 너무나 많은 기쁨으로 보상을 받았기 때문에 당신이 자신을 위해 봉사한 것인지 의문이 든다면, 당신의 삶을 쉽게 이해할 수 있으며 당신이 다른 사람과 잘 어울리고 있고 쉽게 동정을 받고 있다면,

아! 믿음의 영웅들은 허구한 날 뜯어 먹히고 씹혀야 했습니다!

말하자면, 믿음의 영웅들은 인간의 험담으로 인해 뜯어 먹히고 씹혀야 했습니다. 험담은 항상 수다 떨 만한 일들을 위해 굶주려 있습니다. 모든 수다 떨 만한 일들은 믿음의 영웅들을 뜯어 먹고 있었습니다! 당신은 이것을 생각해 본 적이 있습니까?[07]

---

07 앞의 책, 42-3쪽.

매 순간마다 믿음의 영웅들은 사람들 내면의 짐승 같은 면을 구별하는 것을 부득불 배워야 했고, 그럴 기회를 매일 얻고 있었습니다. 완곡하게 말하자면, 때로는 사람들의 깊이 타락한 면을 구별하는 법도 배워야 했습니다. 그는 모든 사람들이 그를 알아보고 있는가를 계속적으로 확인해야 했습니다. 그리고 이것을 사람들의 사악한 의지, 조롱, 모욕, 반대 등과 같은 의미를 담고 있는 만남과 구별할 수밖에 없었습니다.

그는 모든 세대의 복지를 위해 일했지만, 모든 세대로부터 오는 저주로 보상을 받아야 했습니다. 영적 시험의 고통 속에서 그는 자신의 삶에 대한 이해를 구해야 했고, 그때 매일 동시대 사람들의 모든 오해와 싸워야 했습니다. **그때, 당신도 또한 죽었으며 똑같이 복을 받았습니다! 맞습니까?**[08]

어떻습니까? 제 이야기에 동의하십니까? 당신은 정말로 똑같이 복을 받은 것입니까? 믿음의 영웅들이 받았던 복과 당신이 받은 복은 같은 복입니까? 동일한 복이 아닌 것처럼 느껴진다면, 제가 고백하게 되는 것을 당신도 고백하게 될 것입니다. 즉, 제가 믿음의 영웅들처럼 그렇게 모험하지 못할 것이라는 사실, 혹은 제가 결코 모험할 수 없을 정도로 응석받이였다는 사실. 맞습니다. 저는 응석받이입니다. 믿음의

---

08 앞의 책, 43쪽.

영웅들처럼 살 수 없다는 것을 고백할 수밖에 없습니다.

그렇다면, 제가 해야 할 많은 일이 남아 있을지라도, 저는 단 한 가지를 할 것입니다. 즉, 이런 영광스러운 것들을 생각하는 시간을 매일 가질 것입니다. **믿음의 영웅들의 삶을 생각하는 시간을 가질 것입니다.** 오, 제게 있어서 믿음의 영웅들과 제가 똑같이 죽었고 똑같은 복을 받을 것이라고 말하는 것은 심각한 잘못입니다! 그러나 **어떤 경우에라도 저의 삶은 믿음의 영웅들에 대한 기억이 될 것입니다!** 그리고 보십시오! 즉각적으로 영적 성숙을 추구하는 "격동하게 된" 어떤 운동의 예를 가지게 될 것입니다.

이 운동은 어떤 믿음의 영웅들의 삶을 살아야 하기 때문에 오는 것이 아닙니다. **이 격동함은 가장 작고, 가장 온화하고, 가장 비천한 경건의 형태입니다.** 제가 믿음의 영웅들의 길을 가지 못하기 때문에, 거기에 설 수 없었기 때문에, 지금 이 자리에 서 있습니다. 우리가 완벽하므로, 이 방향에 대한 노력이 필요치 않다고 생각하십니까? 우리가 나누었던 아브라함 이야기를 생각해 보십시오. 당신은 아브라함의 길을 갈 수 있다고 생각하십니까?

> 영적 성숙으로서의 격동함은 가장 온화하고 비천한 경건의 형태이다.

저는 지금까지, 말씀을 이용해 당신을 강요하거나, 당신에게 더 많은 요구조건을 제시하기 위해 시도하지 않았습니다. 말씀을 지키도록 요구하는 것은 또 다른 율법주의를 낳을 뿐입니다. 그러나 복음의 요구조건은 율법보다 더 엄밀합니다. 인간의 노력으로 도달할 수 있는 거리는 아닌 것 같습니다. 복음이 매일 우리에게 강요한다면, 우리는 완전한 패자가 될 것입니다. 은혜 아래에서 편히 쉴 수 없을 것입니다. 그러나 믿음의 쉼이 행위가 제거된 쉼 또한 아닙니다. **믿음은 최선의 노력을 다하고, 그 모든 노력들을 하나님 앞에서 "무(nothing)"임을 고백함으로써 편히 쉽니다. 이것이 바로 하나님 나라에서의 안식입니다.**

나눔 질문

1. 믿음과 행위는 어떤 관계일까요?

_____

_____

_____

　　양심 있는 자의 온전치 못한 행위는 죄의식을 일으키게 되고 이것은 곧 신앙을 제약합니다. 결국 불완전한 행위로는 참 신앙을 가질 수 없습니다. 불완전한 육체의 일들을 완전케 하고 믿음과 행위가 모두 합당한 열매를 맺도록 해야 합니다.

　　아브라함의 믿음이 컸던 것은 그의 순종으로 알 수 있습니다. 믿음은 행함이 있을 때 비로소 그 믿음이 큼을 알게 되며, 행함에 있어 믿음의 강함과 넘어짐을 판단할 수 있습니다.

2. 아브라함이 겪은 영적인 시험(*spiritual trial*)은 일반적인 의미에서의
   시험(*temptation*)과 다릅니다. 이 둘은 어떤 차이가 있을까요?

_____

_____

_____

악인에게는 시험(*spiritual trial*)이 없습니다. 사단과 동조하여 쓰러져 갈 뿐입니다. 아브라함이 받은 시험(*spiritual trial*)은 마귀의 시험(*temptation*)이 아니라 하나님이 허락한 시험(*spiritual trial*)이었습니다. 사람이 어떠한 자격을 얻기 위하여서는 소양과 교양의 과정을 거쳐야 하듯이, 하나님의 일을 감당하는 성도에게는 하나님의 모략 가운데 완전케 되는 시험이 있습니다.

사단의 시험은 성도를 쓰러뜨리는 데 목적이 있으나, 하나님의 시험은 성도가 하나님을 경외하는지를 달아보는 데 있습니다. 하나님께서는 하나님의 사람을 들어 쓰실 때 달아보고 쓰십니다.

얼마나 믿음이 있는지, 얼마나 담대한지, 얼마나 순종하는지, 여러 가지 시험을 통해서 달아보시는 것입니다.

3. 성경은 "하나님은 악에게 시험을 받지도 아니하시고 친히 아무도 시험하지 아니하시느니라."(약 1:13)라고 말합니다. 그렇다면, 시험하는 하나님은 도대체 어떤 하나님입니까? 성경은 모순 아닙니까?

　　　　＿＿＿＿＿＿＿＿＿＿＿＿＿＿＿＿＿＿＿＿＿＿＿＿＿＿

　　　　＿＿＿＿＿＿＿＿＿＿＿＿＿＿＿＿＿＿＿＿＿＿＿＿＿＿

　　　　＿＿＿＿＿＿＿＿＿＿＿＿＿＿＿＿＿＿＿＿＿＿＿＿＿＿

　주기도문에는 "우리를 시험에 들게 하지 마시옵고"(마 6:13)이라는 기도가 나옵니다. 하나님은 누구도 시험하지 않는다면, 이런 기도를 할 필요가 있을까요? '시험'이라는 헬라어 원어는

'페이라스모스(πειρασμοσ)'라는 단어입니다. 이 단어가 일반적인 의미에서 '시험(temptation)'과 '영적 시험(spiritual trial)'에서의 의미 모두에서 사용되고 있습니다. 또한, 성경에서는 '도키마조(δοκιμαζω)'라는 단어 역시 '시험하다'라는 의미로 사용(예, 고후 13:5, 엡 5:10, 딤전 3:10, 고전 11:28, 갈 6:4)되고 있습니다. 이 단어의 본질적인 의미를 살피는 것은 굉장히 중요합니다.

결론적으로, '페이라스모스'는 중립적인 것처럼 보입니다. 이 단어는 유혹으로서의 '시험'이 될 수 있고 '영적 시험'이 될 수도 있습니다. '시험에 빠진 상태'는 걸려 넘어지는 '실족'입니다. 실족하든가 믿음에 이르든가는 시험을 대하는 자의 '반응'입니다.

4. 우리는 언제 주로 시험(temptation)에 빠집니까?

_____

_____

_____

5. 영적 성숙으로서 '믿음의 격동함'에 대하여 생각해 봅시다. 영적으로 성숙한 신앙을 가지기 위하여 어떻게 해야 할까요?

_____

_____

　　그리스도 안에서 다 똑같은 사람이지만 알곡으로 결실하는 자가 있는가 하면 쭉정이로 불에 태워질 자도 있습니다. 신앙의 성숙도는 신자가 알곡으로 결실되어가는 모습의 정도를 나타냅니다. 얼마만큼 감사하며 기도하며 말씀을 실천하느냐에 따라 신앙의 성숙도는 달라집니다.

    [04]이 글을 끝내면서 생각나는 사람이 있습니다. 이방인이지만

우리에게 배울 점을 주는 사람입니다. 기독교적인 의미에서 저는 결코

그에게 빚을 지지 않았습니다. 진실로 그는 이방인이었습니다. 또한

제가 살고 있는 지금의 상황과 매우 흡사한 환경에서 살았습니다.

사회적으로는 혼란스러웠고, 소피스트들은 돈을 받고 순회하며

처세술과 같은 지식을 가르쳤습니다. 진리를 추구하기보다 사람들을

설득하는 기술에 더 관심이 많았습니다. 오늘날의 사회를 보는 것 같지

않습니까? 요즘 사람들도 진리보다 돈 버는 기술에 더 관심이 많습니다.

    제가 소개하고자 하는 이 사람은 고대의 현자로 통했습니다.

자신이 그렇게 말한 것이 아니라 그의 제자들의 말입니다. 그에 관한

많은 이야기들이 전해 내려오며, 우리에게는 "너 자신을 알라!"고

말한 사람으로 더 잘 알려져 있습니다. 그렇습니다. 사람들의 무지를

---

04 이후의 구절은 키르케고르의 《자기 시험을 위하여》 서문을 편집한 것이다. 다음을 참고하
라. 쇠렌 키르케고르, 《자기 시험을 위하여》, 14-20쪽.

지적하고 싶어 했던 소크라테스입니다.

사람들 앞에 그가 고발을 당했을 때, 한 연설가가 그에게 찾아왔습니다. 자신을 변호할 때 쓸 수 있도록 방어용 연설문을 주었습니다. 단순한 현자는 그것을 받아 읽었습니다. 하지만 곧바로 연설가에게 돌려주면서 말했습니다.

"이것은 잘 작성된 매우 아름다운 변론문이군요."

그러나 또 다음과 같이 말했습니다.

"이제 내 나이 70살이오. 이런 변론 기술을 활용하기에 적절하지 않소."

그가 의미한 것은 무엇일까요? 그는 아마도 다음을 의미했을 것입니다.

"나의 삶은 너무 진지해서 연설가의 기술로 도움받을 일이 없습니다. 나는 지금까지 나의 삶에 많은 모험을 해 왔습니다. 사형선고를 받을지라도 나는 모험을 계속할 것입니다. 신께 봉사하며 나의 의무를 다했습니다. 그러나 이제 마지막 순간에 나 자신의 표현을 망치지 않게 해 주십시오. 기교가 있는 연설가들의 도움을 받거나 변론기술을 활용하여 나의 삶을 표현하지 않도록 해 주십시오."

그는 소피스트들이 가르쳤던 어떤 설득의 기술로도 자신의 삶을 해명하고 싶지 않았습니다. 왜냐하면 그의 삶이 이미 그를 더 잘 설명해주고 있었기 때문입니다.

어떤 연설가의 화려한 말보다
자신의 삶이 그를 더 잘 설명해 주고 있다!

둘째로는 다음을 의미했을 것입니다.

"나는 그 동안 사람들에 의해 조롱을 받기도 했고 이상한 사람으로 낙인찍히기도 했습니다. 나는 익명의 사람들에 의해 매일같이 공격받아야 했습니다. 그렇게 공격을 받으면서도 20년 동안이나 시장을 돌아다니며 생각을 발전시켜 왔습니다. 그것은 나 자신과 나눈 대화이며, 나와 대화를 나누며 발전시켜 왔던 생각과 개념들입니다. 이러한 생각들이 나의 삶 자체일 뿐입니다. 그런 생각들이 처음부터 마지막까지 나를 지배해 왔던 것입니다. 나는 오직 나 자신을 발견하고 내가 누구인지 발견하기 위해 시간을 투자해 왔습니다.

다른 사람들은 오직 먹고 사는 문제에만 빠져 있을 때, 혹은 연설가의 화려한 웅변술로 설득의 기술을 배울 때조차, 나는 오직 나 자신만을 발견하기 위해 노력했습니다. 이런 생각들이, 다른 사람들에게 인기가 없었을지라도, 나를 지배해 왔습니다. 시장에서 한 곳을 뚫어지게 응시하며 하루 종일 서 있을 때도, 나를 지배하고 있는 것은 바로 이러한 생각들이었습니다. 오직 자신을 발견하는 일! 이것이 제게 부여된 최대 과제였습니다.

그러므로 재판이 선고된 그 날, 내가 또 어떤 것을 변호할 기회를 갖게 된다면, 나는 기교있는 연설가들과 그들의 화려한 변론기술의 도움을 받지 않고도 몇 마디를 할 수 있다고 믿습니다. 내가 사형선고를 받을 것 같은 상황에서도 평일에 살았던 날들과 다르지 않습니다. 내가 말한 것은 당연히 동일하게 남을 것이며 동일한 것에 대한 것이며 전과 동일한 방법일 뿐입니다. 내가 어제 시장에서 가죽 제조업자와 이야기했던 것과 마찬가지로 재판에서도 동일하게 말할 것입니다. 나는 다른 사람들의 지원이나 준비 없이 몇 마디를 할 수 있을 것을 확실히 믿습니다.

물론 내가 완전히 준비 없이 있는 것은 아닙니다. **왜냐하면 20년 동안이나 나 자신을 준비해 오고 있었기 때문이며 또한 신의 도움을**

의지하고 있기 때문에 결코 아무런 지원도 없이 있는 것은 아닙니다. 그러나 내가 말을 잘 할 것이라 기대하지는 않습니다. 어쩌면 장황한 연설을 할지도 모릅니다. 내가 다시 20년을 더 산다고 할지라도, 계속적으로 이야기했던 같은 말을 반복하게 될 것입니다. 기교 있는 연설가들과 변론기술들은 나에게 아무것도 아닙니다."

아! 여러분, 소크라테스는 잘못된 심판을 받고 독배를 비워야 합니다. 그는 이해받을 수 없었습니다. 그때, 그는 죽었습니다!

> 그는 20년 동안이나 자신을 준비해 왔고
> 또 신이 돕고 있기 때문에
> 아무 도움 없이 재판을 받고 있는 것이 아니다!

그는 이방인이지만, 우리가 그에게서 배울 것이 있습니다. 자신을 찾기 위해 철저히 노력한 사람이었고 또한 이것을 실천하기 위해 매일 수고한 사람이었기 때문입니다. 우리의 삶은 어떻습니까? 소크라테스처럼, 자신을 찾는 일에 무엇보다 진지합니까? 혹은 말씀을 실천하기 위해 얼마나 분투했습니까?

소크라테스와 관련하여 다시 설교의 자리로 돌아가기 원합니다.

오늘날 많은 설교들이 선포되고 있습니다. 설교하는 자는 이미 말씀대로 살고 있어야 합니다. 소크라테스가 삶으로 보여 주었듯이, 말씀은 설교자의 매일의 삶이 되어야 합니다. 이것이 기독교의 관점입니다. 그때, 설교자는 충분히 설득력을 갖게 될 것입니다. 이것은 특별히 당신이 어떤 준비도 없이 즉석에서 말할 때 필요합니다.

그렇지만, 어떤 사람이, 말씀대로 살지 않으나, 때때로 앉아서 진지하게 말씀을 연구하고 열심히 분석하고만 있다면, 그때 그것들을 잘 작성된 이야기로 바꾸어 목소리와 용어뿐 아니라 몸동작까지 고려하여 기억하고 또한 탁월하게 전달한다면, 그것은 잘못된 설득력입니다. 소피스트들이 설득의 기술을 가르친 것과 다를 것이 무엇입니까? 서점에 가 보십시오. 얼마나 많은 책들이 사람을 설득하는 기술을 가르치고 있습니까? 소크라테스 시대에 소피스트들이 사람을 설득시켜 말로 사람을 이길 수 있도록 가르쳤듯이, 설교학이 말을 잘 전달하는 기술만을 가르친다면 그것은 무슨 소용이 있습니까?

예수께서 우리에게 들의 백합과 공중의 새를 보라고 말씀하셨습니다. 이유가 무엇입니까? 우리가 그들에게 배울 것이 있기 때문입니다. 가르치는 탁월한 기술, 탁월한 설득력입니다. 그러나 이것은 볼 수 있는 사람에게만 보입니다. 새와 백합화는 사람을 설득하기 위해 노력하거나, 이를 위한 어떤 준비도 필요하지 않습니다. 스스로 선생인 척 하지도 않습니다. 오히려 자신들이 선생이라고는, 단 한 번도 생각한 적이 없습니다. 그럼에도 우리가 그들에게서 배울 수 있는 것이 있습니다. 탁월한 설득력, 가르치는 탁월한 기술입니다.

이와 반대로, 예수님 시대에 자신들이 선생이라고 생각한 자들이 있었습니다. 가르칠 것이 준비되어 있고, 무지한 사람들이 자신의 가르침을 들어야 한다고 생각했던 사람들입니다. 탁월한 설득력으로 무장하고, 다른 사람들을 설득하려고 합니다. 누구일까요? 바리새인과 서기관입니다. 그들은 항상 누구를 가르치려 했습니다. 그들은 스스로 율법의 선생이라고 생각했습니다. 그러나 예수님께서 지적하신 바에 의하면, 우리가 그들에게서 배울 수 있는 점은 한 가지도 없는 것 같습니다. 그래서 예수께서 그들을 보며 말씀하셨습니다.

"그들이 말하는 바는 행하고 지키되 그들이 하는 행위는 본받지 말라. 그들은 말만 하고 행하지 아니한다."(마23:3)

서기관들과 바리새인들은 모세의 자리에 앉기를 좋아합니다. (마23:2) 그들은 모세의 자리에 앉아 다른 사람들을 비판하고 정죄합니다. 모든 기준은 자기 자신입니다. 그들은 자신의 기준에 맞추어, 그렇게 살지 못한 사람들을 비판하기를 좋아합니다. 이런 실수를 가장 많이 저지를 수 있는 사람들이 설교자들인 것 같습니다. 그러나 설교자뿐입니까? 성도들은 어떨까요? 성도들 역시 같은 실수를 범하고 있습니다. 그들은 말씀을 듣지 않습니다. 말씀을 듣는 청자라기보다 비평가가 되어 있습니다. 많은 크리스천들이 객관적인 말씀의 비평가 혹은 전달자가 되어 있습니다. 그러나 정작 말씀을 통해 자신을 돌아보는 일에는 실패하고 있습니다.

이와는 다른 설득력을 지니고 있는, 들의 백합과 공중의 새를 보십시오! 사람들은 자신이 가르치고자 하는 내용을 외부에 가지고 있습니다. 아마도 주로 서재에서 가져올 것입니다. 배울 내용을 외부에서 가지고 와, 그것을 다시 글이나 영상, 혹은 프리젠테이션 자료로 만들어 전달합니다. 그러나 새와 백합은 자신이 가르치려하는 내용을 항상 자기 자신 안에 가지고 있습니다. **그들은 존재 자체가 설득입니다. 존재 자체가 가르치는 내용입니다. 따라서 이것은 가르치는 기술 중 가장 어려운 기술입니다.**

크리스천은 새와 백합처럼 살 수 있어야 합니다. 새와 백합처럼, 크리스천은 본질적으로 자신의 삶이 그를 설명해 주기 때문에, 매 순간마다 너무 쉽게 **현존의 설득력**을 가질 수 있습니다. 준비할 필요가 없고 즉각적으로 이용 가능하며 무엇보다 가장 확실합니다. 수다쟁이들도 어떤 준비도 없이 횡설수설합니다. 아니, 아마도 어떤 준비도 없이 말을 잘 할 수도 있습니다. 따라서 존경의 자리에 올라간 설교자가 있을 수도 있고, 그런 성도가 있을 수도 있습니다. 그러나 그런 수다쟁이를 말하려는 것이 아닙니다. 게다가, 주님께서는 다음과 같이 말씀하십니다.

> "나는 너희에게 이르노니 도무지 맹세하지 말찌니 하늘로도 말라 이는 하나님의 보좌임이요, 오직 너희 말은 옳다 옳다, 아니라 아니라 하라 이에서 지나는 것은 악으로 좇아 나느니라."(마5:34, 37)

이처럼 악으로부터 나오는 설득력의 기술이 있습니다. 없는 것을 있는 것처럼 고상하게 만드는 기술이라면 더욱 그렇습니다. 원래는 비천한 것들이지만 그것을 더 고귀한 것으로 만들기 위하여 사람을 설득시키는 기술이라면 그것도 역시 제대로 된 설득력이 아닙니다.

그리스도인은 그 삶이 자신을 설명해 주기 때문에 매 순간 현존의 설득력을 지닌다.

은사 받은 자와 은사 받지 못한 자의

차이를 확정하며 논쟁을 초래하는 설교가 되어서는 안 됩니다. 성령의 하나 됨 속에서, 말한 대로 행동하도록 단순히 그 관심을 집중시켜야 합니다. 당신의 삶이 이해해 왔던 '작은 것'을 표현할 수만 있다면, 당신은 연설가들의 모든 설득력보다 더 강력하게 설득하고 있는 것입니다. 당신이 매력적인 침묵 속에서 전혀 말이 없을지라도(고전14:34), 당신의 설득력은 모든 연설가의 기술보다 더 강력하고 진실하며 설득적입니다! 설사 말을 하지 못할지라도 그 행동이 말보다 더 많은 것을 보여 줍니다.

그러나 우리가 너무 높은 곳에 이르지 않도록 깨어 있어야 합니다. 말씀이 진리이기 때문에 우리가 말씀을 모두 실천할 수 있다고 생각해서는 안 되기 때문입니다. 믿는 사람이 더 높은 곳에 이를수록, 더 엄격하게 된다는 것을 기억하십시오. 그러나 엄격하게 된 만큼, 엄격하게 살 수 있는 것이 아닙니다. 아마도 그것이 걸림돌(실족)이 되거나 파멸(ruin)로 가는 길이 될 수도 있기 때문입니다. 너무나 엄격한 말씀을 제시하면 할수록 그것을 지키는 자는 아무도 없을 것입니다. 아마도 우리는 신앙적인 형태에서 더 낮은 단계를 필요로 하는지도 모릅니다.

또한, 말씀이 우리에게 더 호소력을 갖기 위해, 그 설명에 있어 어떤 기술을 필요로 할 수도 있습니다. 설명을 개발해야 할 수도 있습니다.

그러나 엄밀히 말해, 신앙적인 개인에게서 그의 삶은 본질적으로 행동입니다. 설명은 단지 사족일 뿐입니다. 그것은 편안하게 잘 작성된 이야기와는 아주 다릅니다.

당신이 이 이야기에 동의한다면, 이것을 가져가서 덕을 세우는 데 사용하십시오. 그리고 읽으십시오. 제가 이렇게 이야기하는 것, 저의 완벽성이나 당신의 완벽성 때문이 아닙니다. 오히려 그와 반대로, 경건한 의미에서 우리가 연약하고 불완전하기 때문입니다. 저는 저의 약함을 고백합니다. 당신도 그렇지 않습니까?

저 역시 연약함으로 이 글로 자신을 돌아보는 데에 활용하지 못하고 다른 사람들에게 향한 것 같습니다. 이뿐입니까? 저는 세상에서 지켜야 하는 많은 사소한 규칙들조차 어길 때가 간혹 있습니다. 가끔 화를 참지 못할 때도 있습니다. 그런데 어찌 하나님 나라의 의를 이룰 수가 있겠습니까? 그럼에도 불구하고 희망은 있습니다. **이 세상에서 권력자의 형상을 새기지 못할 만큼 작은 동전은 없듯이, 하나님의 형상을 새기지 못할 만큼 작은 자도 없기 때문입니다.**

당신은 어떻습니까? 당신도 말씀 앞에서 진지하게 선다면, 연약함을 고백하게 될 것입니다. 그러나 저에게는 고백할 필요가 없습니다. 혹은 당신의 연약함을 사람들에게 보고할 필요는 없습니다. 그러나 당신 자신에게 그리고 하나님께 고백하십시오. 아직도 우리 자신을 크리스천이라고 부르는 우리는 하나님 말씀의 관점에서 너무 응석받이들입니다. 그래서 우리는 말씀이 요구하는 것과는 거리가 멀게 살고 있을 것입니다. 세상에 대해 죽은 자들이며 스스로 크리스천이라고 부르기 원하는 자들에게 요구된 것과는 너무 멀리 있어서 우리는 그러한 종류의 진지성에 대한 생각을 거의 갖고 있지 않습니다. 우리가 어디에서 진지함을 갖고 있어야 할까요? 말씀대로 살아가기 위해 진지해져야 합니다.

그러나 시대가 흘러가면 갈수록 신학공부와 객관적인 지식들이 진지함을 얻게 되었습니다. 말씀을 즉시 실천하는 데에는 별 관심이 없게 되었습니다. 오히려 그 말씀을 분석하는 기술에 대해 더 진지해지고 그 기술을 발전시켜 왔습니다. 우리는 아직 기술적인 것을 포기할 수 없고 그것 없이 살 수 없습니다. 그러면서 말씀의 현실성의 진실한 충격은 견딜 수 없어 합니다. 자, 이제 우리가 적어도 정직해집시다. 이것을 인정합시다.

만약 당신이 제가 말하고 있는 것을 즉각적으로 이해할 수 없다면, 제가 왜 이 지면을 할애하고 있는지 이해할 수 없다면, 판단을

천천히 하십시오(약1:19). 자신의 시간을 가지십시오. 그러나 당신이 누구이건 간에, 하나님 안에서 확신을 가지십시오. 그리고 당신 자신을 내려놓으십시오. 말씀 안에서 자유하십시오.

신간 소개
『폭력 계보학』

1. 『폭력 계보학』 개요

미국의 브라이트 신학교 교수인 찰스 벨린저의 책을 번역한 것입니다. 키르케고르와 지라르의 사상을 통해 우리 사회에 내재되어 있는 폭력의 기원과 원인을 파헤치고 있습니다.

2. 전체 책의 구성

이 책은 서론과 전체 9개의 장으로 구성되어 있습니다. 서론은 이 책의 전반적인 구성을 개괄적으로 다룹니다. 1장은 먼저 "폭력은 왜 생기는가?"라는 질문에 그동안 과학적인 대답을 내놓으려는 시도가 있었다고 말합니다. 대표적인 인물로, 앨리스 밀러, 어빈 스타우브, 칼융, 에리히 노이만, 어니스트 베커를 소개하고 있습니다. 하지만 이런 시도의 **문제점은 폭력의 원인을 밝히는 데에 대한 통일된 의견이 없다는 점**입니다.
또한, 폭력의 원인분석이 너무 지나치게 환원주의(*reductionism*)에 빠진다는 것입니다. 이것은 폭력의 원인을 지나치게 하나의 원인으로 축소하는 경향을 보입니다. 예를 들어, 밀러는 폭력적 행동 뒤에는 어릴 때 아동학대의 경험이 있다는 것입니다. 하지만 이런 설명은 테러리스트의 행동을 설명할 수 없는 문제가 있습니다. 그들의 폭력적 행동은 어릴 때 학대의 경험 때문이라기보다는 이데올로기가 동기로 작용했을 확률이 더 높습니다. 이런 식으로 벨린저는 각 사상가들이 주장하는 폭력의 원인에 대한 분석의 문제점을 지적하고 폭력에 대한 원인 분석의 대안을 제시합니다.

벨린저는 앞에서 제시한 사상가들의 공통점을 언급합니다. 즉, 이 사상가들은 모두 **"인간관계"**라는 측면에 초점을 맞추고 있다고 주장합니다. 밀러는 부모와 자식과의 관계를 강조하고, 스타우브는 사회와의 관계를 강조하고, 융은 자아에 내재하는 여러 부분들의 상호관계를 강조하고, 베커는 자아의 초월적 한계인 죽음 이전에 존재하는 인간의 모습을 그립니다. 그러나 키르케고르의 관점에서 본다면, <u>누구도 가장 중요한 관계인 하나님과의 관계를 발견하지 못했다</u>는 것입니다.

따라서 저자는 폭력에 대한 원인을 분석하기 위한 대안으로 키르케고르와 지라르의 사상을 주로 언급하면서 비슷한 관점에서 다른 신학자들(칼 바르트, 뵈겔린 등)을 소개하고 있습니다. 결론적으로 말해, 이 책은 폭력을 분석함에 있어 **세속적 접근 방법에 의존하는 대신, 문화인류학적이면서도 신학적 접근 방법을 시도**합니다. 이 책의 전체 구성을 요약하면 다음 마인드맵과 같습니다.

중심 주제

1장 폭력의 뿌리에 대한 현대적 관점 ④
2장 키르케고르의 창조와 불안 ③
3장 키르케고르의 자아 보호 ③
4장 폭력에 대한 키르케고르의 이해 ③
5장 키르케고르와 지라르 ④
6장 폭력에 대한 세속적 견해 ③
7장 기독교 폭력의 문제 ④
8장 20세기의 정치적 폭력 ④
9장 결론: 영혼의 치유 ③

3. 표지 및 서지 사항

- **책 제목**: 『폭력 계보학』
- **저자**: 찰스 K. 벨린저
- **역자**: 이상보
- **기획•감수**: 이창우
- **판형**: 148*210mm, 무선 제본
- **출판사**: 카리스 아카데미
- **가격**: 18,000원
- **표지 설명**
  표지는 폭력에 대한 이슈를 나타내기 위해 붉은색
  컬러 계열로 선택했고, 핵심적인 내용이 키르케고르의
  사상을 다루고 있기에 키르케고르의 인물 사진을 표지에 실었습니다.

4. 텀블벅 펀딩 참여 함께 해주세요

텀블벅 펀딩을 통해 책을 출판하고 있습니다. 펀딩에 동참해주신다면, 책을 출판하는 데
많은 도움이 됩니다.

- **텀블벅 참여 방법**
  텀블벅 사이트에서 **"카리스 아카데미"**라는 키워드를 입력하십시오. 그러면 펀딩이
  진행 중인 책과 종료된 책들을 확인할 수 있습니다.

- **펀딩이 진행 중인 책을 찾아 후원**
  펀딩이 종료된 책과 펀딩이 진행 중인 책을 확인한 후, 참여해 주시면 됩니다. 카리스
  아카데미를 팔로우 하시면 책이 출판될 때마다 소식을 받을 수 있습니다.